Invertir en Opciones

Aprenda las mejores Estrategias y la Psicología correcta para obtener Grandes Beneficios con el Trading de Opciones Binarias, ETF y sobre Acciones y Futures

Por

David Reese

El siguiente libro electrónico se reproduce a continuación con el objetivo de proporcionar información lo más precisa y confiable posible. En cualquier caso, la compra de este libro electrónico puede considerarse como un consentimiento para el hecho de que tanto el editor como el autor de este libro no son expertos en los temas tratados y que las recomendaciones o sugerencias que se hacen aquí son solo para fines de entretenimiento. Se debe consultar a los profesionales según sea necesario antes de emprender cualquiera de las acciones aprobadas en este documento.

Esta declaración se considera justa y válida tanto por la Asociación de Abogados de los Estados Unidos como por la Asociación del Comité de Editores y es legalmente vinculante en todo Estados Unidos.

Además, la transmisión, duplicación o reproducción de cualquiera de los siguientes trabajos, incluida información específica, se considerará un acto ilegal, independientemente de si se realiza de manera electrónica o impresa. Esto se extiende a la creación de una copia secundaria o terciaria del trabajo o una copia grabada y

Tabla de Contenido

Introducción

Felicitaciones por descargar este libro y gracias por hacerlo.

Los siguientes capítulos tratarán todo lo que necesita para aprender sobre el comercio de opciones. Lo lleva desde el nivel básico, pasando por las principales estrategias de comercio de opciones hasta estrategias avanzadas y excelentes consejos para obtener grandes ganancias.

Aprenderá a través de este libro todo acerca de las opciones, los diferentes términos utilizados y las mejores estrategias comerciales. También aprenderá sobre consejos para el manejo del dinero, errores que debe evitar y, lo que es más importante, todo sobre psicología del comercio.

Si aprende a comerciar con éxito las opciones, puede ganar un ingreso mayor en comparación con invertir directamente en acciones. Esto se debe a que las opciones tienen un efecto multiplicador. Debería leer este libro hasta el final y aprender cómo hacer opciones de intercambio de dinero.

Hay muchos libros sobre este tema en el mercado. ¡Gracias de nuevo por elegir este! Se hizo todo lo posible para garantizar que esté completamente equipado con la mayor cantidad de información útil posible. ¡Por favor, disfruta!

Capítulo 1: ¿Qué son las opciones?

Una introducción a las opciones

Las opciones se pueden definir como un tipo de seguridad que se negocia en los mercados. En pocas palabras, es una especie de contrato, que permite al comprador realizar una compra de un valor subyacente: como las acciones. Sin embargo, el comprador nunca está obligado a comprar la garantía.

Un contrato de opción es un tipo de derivado financiero porque deriva su valor de un valor subyacente. La seguridad podría ser una mercancía, una acción o cualquier otro activo que califique.

Un derivado es un valor financiero cuyo valor se deriva de un activo subyacente. La garantía financiera suele ser un contrato entre dos partes y depende de dichos activos. Las fluctuaciones de los activos determinan el valor del derivado.

Resùmen

Por lo tanto, podemos decir que una opción; es una oportunidad que tiene como inversionista en la bolsa de valores. Puede comprar o vender un contrato de opciones en el intercambio de opciones.

Hay dos tipos de opciones en las que puedes invertir. Primero: puede comprar lo que se conoce como opción de compra, que le otorga los derechos para comprar el valor subyacente; pero, sin la obligación de hacerlo. Mientras tanto; también puede comprar el segundo tipo, que se conoce como opción de venta, que le otorga los derechos para vender el patrimonio correspondiente. Si el comprador decide comprar dicho activo; estará obligado a venderlo.

Ejemplos de opciones de la vida real

Hay muchos ejemplos reales de cómo se aplican las opciones en nuestras vidas. Es posible que los haya visto en acción o incluso haya usado opciones en su negocio o en su vida. Por ejemplo: Si alguna vez compró un seguro como el seguro de hogar, o el seguro de salud y de automóvil, ha aplicado principios similares a los que se aplican al comercio de opciones.

Seguro de auto

Tome el seguro de auto como ejemplo: Si compra un automóvil nuevo, o simplemente un vehículo realmente bueno, no querrá correr el riesgo de conducirlo sin cobertura de seguro. Si lo hace, es arriesgado porque podría pasar cualquier cosa y corre el riesgo de sufrir graves pérdidas. Esta es la razón principal por la cual las personas toman un seguro.

Ahora, cuando contrata un seguro para su automóvil o cualquier otro seguro, paga una tarifa mensual o anual por la cobertura provista por la compañía de seguros. El beneficio que puede obtener de la cobertura es mucho mayor que lo que paga por ello.

Incluso si no sufre un accidente, el precio que pagará en sentido real; es una pequeña cantidad; sin embargo, tuvo el automóvil todo este tiempo y lo condujo con tranquilidad. Esta cantidad que pagó por el seguro puede denominarse prima.

El mismo principio se aplica a las opciones.

Este principio se aplica de la misma manera cuando se trata de opciones. Sin embargo, en lugar de invertir en un automóvil; su dinero se destinará a sus acciones favoritas. Digamos que pone su dinero en acciones ABC, que se cotizan a $ 20 por acción y cree que este precio aumentará a $ 30 en los próximos meses.

El problema aquí; es cuando no se tiene fondos suficientes para comprar la acción. En su lugar; puede comprar un contrato de opciones que puede pagar. Por ejemplo, puede comprar un contrato de opciones por 100 acciones a solo $ 1.00, por lo que solo $ 1.00 de su dinero quedará atado en lugar de $ 2,000 que se necesitarían para comprar las acciones reales.

Conceptos básicos de opciones

En el nivel muy básico, hay dos opciones entre las que puede elegir. Estos se conocen como opciones de venta y opciones de compra. Debe tener en cuenta que todas las estrategias de opciones, independientemente de su complejidad, utilizan uno de estos dos tipos. Por lo tanto, la opción de compra y la opción de venta constituyen los componentes básicos de todas las demás estrategias de opciones.

Opciones de llamada

Una opción de llamada es algo que le permite comprar una seguridad subyacente. Simplemente significa que tiene el derecho de "llamar" a una seguridad lejos de su propietario. Sin embargo, usted no tiene obligación de hacerlo.

Como inversionista, debe buscar opciones de compra solo cuando sea optimista acerca de los precios. También debe comprar opciones de compra cuando sea positivo acerca de la dirección del mercado en general.

Ejemplo:

Una opción de llamada puede verse como un pago inicial para un propósito futuro. Supongamos que desea comprar una casa en el futuro; notará un desarrollo próximo y se interesará en comprar una propiedad, pero solo bajo ciertos términos y condiciones.

Por ejemplo; es posible que solo desee comprar una propiedad en este nuevo desarrollo si ofrecen ciertas comodidades: como escuelas y parques. Sin embargo; su interés terminará si hay planes para instalar un basurero o una planta de procesamiento.

Para lograr su objetivo, tendrá que configurar una opción para que tenga la opción de comprar la propiedad o no. Puede comprar una opción de llamada del desarrollador de la propiedad en cualquier momento; durante los próximos tres años, por un precio de $ 450,000. Esta opción te costará algo de dinero. Este costo se conoce como la prima.

La prima que paga por una opción no es reembolsable. Puede verse como el precio que paga para obtener el derecho extendido a usted como titular de una opción. En nuestro caso, la prima es de $ 25,000. Esta cantidad va al desarrollador de la propiedad que acepta vender la opción. Ahora, dentro de tres años, la propiedad se venderá aproximadamente, en $ 800,000. Sin embargo; su precio de compra se fijará en $ 400,000 y ese es el precio que pagará por su hogar.

Opciones de venta

Una opción de venta es aquella que le da derecho a vender acciones. Esta opción permite vender un valor por un precio determinado. Como comprador de venta, será bajista en el precio de las acciones y en los mercados en general. Esto significa que espera que los mercados caigan junto con el precio de la acción y que tiene una estrategia para beneficiarse de esta caída de precios.

Ejemplo:

Veamos un ejemplo de cómo operan las opciones de venta en la vida real. Puedes verlo como cobertura de seguro. Digamos que usted es dueño de una casa para que obtenga la cobertura de un propietario. Esta política está diseñada para proteger su hogar contra daños. Usted pagará una cantidad cada mes o tal vez anualmente hacia la cobertura. Esta cantidad es la prima.

Ahora; en lugar de su casa, podemos imaginar una inversión de valores. Si posee acciones o acciones, entonces puede comprar una opción de venta para proteger su inversión. Imaginemos que posee 1000 acciones de la compañía ABC que están valuadas en $ 20 por acción.Sin embargo, usted cree que el precio de la acción bajará en los próximos meses en $ 5 y desea protegerse de cualquier pérdida inherente.

Luego; comprará opciones de venta a $ 1.50 por 100 acciones, lo que le costará $ 15. La opción de venta lo protegerá en caso de que el precio caiga drásticamente. Supongamos que en 3 meses, el precio de las acciones de ABC cae a $ 15. Tendrá la capacidad de vender sus acciones por un valor previamente acordado, generalmente el que tenían durante la etapa de creación. En ese momento, el precio era de $ 20, por lo que podrá ahorrar más de $ 5 por 1000 = $ 5,000 en pérdidas. Esto es muy similar a una póliza de seguro que lo devuelve a su posición inicial después de la adversidad.

Dos partes involucradas

En todas las situaciones de opciones, siempre hay dos partes involucradas. Hay un comprador, y hay un vendedor. Las estrategias involucradas son la compra y venta de opciones. Debe comprobar y confirmar qué estrategia es adecuada en diferentes situaciones para determinar cuál es más rentable.

Contratos de Opciones

Cada vez que usted negocia una opción, está en un sentido real vendiendo o comprando un contrato de opciones. Un solo contrato de opciones es equivalente a 100 acciones del valor subyacente. Por ejemplo: Si desea comprar 100 acciones de la compañía ABC a $ 20, gastaría $ 2,000. Sin embargo; con una opción de compra, puede controlar la misma cantidad de acciones a solo $ 1.50 por cada 100 acciones, lo que totalizaría $ 150. Por lo tanto, el contrato le costaría $ 150 mientras que la compra de las acciones, le costarían $ 2,000. Un solo contrato de opciones controla 100 acciones. Dos contratos se refieren a 200 acciones y así sucesivamente.

Cada vez que compre opciones; recibirá una cotización que se refiere al precio de la acción y no, al precio del contrato. Por ejemplo: Una opción que cuesta $ 1.50 significa que una sola acción le costará $ 1.50. En este caso, un contrato de 100 acciones le costará $ 150.

Opciones premium

Tendrá que pagar algo de dinero para adquirir un contrato de opciones. El dinero que usted paga se conoce como una prima. Este dinero; una vez pagado, no es reembolsable independientemente de cómo funcione un intercambio. Por esta pequeña tarifa, puede controlar las acciones y beneficiarse de ellas de la misma manera que lo haría el propietario. La inversión es muy pequeña; pero la ganancia es significativamente enorme.

Las opciones de compra a menudo son una forma más económica de invertir en el mercado de valores, pero ofrecen la posibilidad de beneficiarse tanto como un inversor en acciones y la mayoría de las veces incluso más. Con solo una pequeña cantidad de dinero; puede hacer una pequeña inversión inicial con el rendimiento potencial que puede superar fácilmente lo que el inversor en acciones tradicional podría lograr en un porcentaje. Las personas con poco capital pueden acceder a una variedad más amplia de ETF y acciones a través de opciones. De lo contrario; esto no hubiera sido posible, excepto por las opciones.

Cómo funcionan las opciones

Las opciones generalmente ofrecen a los inversores la oportunidad de participar en futuros movimientos de precios. Por ejemplo: Si invierte en opciones de compra; obtendrá la oportunidad de participar en el aumento de precios de una acción sin la necesidad de poseer la acción. Esta seguridad le da una opción para participar en la tendencia alcista de las acciones.

Es crucial que valore las opciones de manera apropiada para disfrutar del máximo beneficio. El precio es un factor importante de su capacidad para determinar la probabilidad de futuros eventos de precios. Idealmente; cuanto más probable sea que ocurra un evento, más costosa sería una opción. Por ejemplo: El valor de una opción de compra aumenta con el aumento del valor del stock correspondiente .Comprender este principio es crucial para entender el valor relativo de las opciones.

Ejemplo:

Examinemos la opción de compra de IBM, International Business Machines. En nuestro ejemplo, IBM tiene un precio de ejercicio de $ 200 que vence después de 3 meses. Por otro lado; las acciones de IBM se cotizan a $ 175 en el mercado de valores. Tenga en cuenta que poseer estas opciones de llamada le da derecho en cualquier momento, a comprar 100 acciones de IBM a un precio de $ 200 en los próximos tres meses.

En caso de que el precio de las acciones de IBM suba por encima de los $ 200 dentro de los próximos tres meses; entonces se dirá que la opción es en el dinero. El valor de una opción disminuye a medida que se acerca a su fecha de vencimiento, por lo que las oportunidades de un movimiento de precios disminuyen a medida que se acerca esta fecha. Esta es la razón por la cual las opciones también se conocen como activos de desperdicio.

Digamos que usted compra una opción que tiene aproximadamente un mes de antigüedad y está fuera del dinero. En tal caso; su opción perderá valor con cada día que pase. Una opción de tres meses es más valiosa que una opción de un mes porque el tiempo es un componente de las opciones. Cuando hay más tiempo disponible, las posibilidades de un movimiento favorable del precio son mayores. De la misma manera, una opción que vence en un año será mucho más cara que una que vence en tres meses.

Factor tiempo

En nuestro ejemplo anterior; las acciones de IBM tienen un valor de $ 175 en el mercado de valores. A medida que el precio se acerca a los $ 200, entonces el valor de la opción de compra aumenta. A medida que aumenta el valor correspondiente, mayor es la probabilidad de que la opción expire en el dinero.

Alternativamente, a medida que el precio cae, la opción seguirá disminuyendo su valor. La brecha entre el activo subyacente y el precio de ejercicio también se ampliará. Si el precio de las acciones de IBM se mantienen estables en $ 175; entonces, la llamada a la huelga de $ 185 será mucho más valiosa que la llamada a la huelga de $ 200. Esto se debe a que las posibilidades de que el precio de la acción aumente a $ 185 son mucho más altas que $ 200.

Volatilidad

El precio de una opción aumentará si hay volatilidad en los mercados. La razón es que la incertidumbre tiende a aumentar las probabilidades de un resultado. En caso de que aumente la volatilidad del activo subyacente; las posibilidades de mayores oscilaciones de los precios aumentarán la posibilidad de que se produzcan movimientos significativos de los precios en ambos sentidos. Debido a esta razón; una mayor oscilación de precios aumentará la probabilidad de un aumento de precios. Es por esto que la volatilidad tiende a aumentar el precio de una opción. Los grandes cambios de precios tienden a aumentar la probabilidad de que ocurra un evento. Esto afecta el precio de una opción. Mayor volatilidad significa: Mayor valor de las opciones.

Derecho a comprar o vender una acción subyacente

Las opciones le otorgarán el derecho de comprar o vender una garantía correspondiente. Sin embargo, en la mayoría de los casos, este derecho rara vez se ejerce. Los tenedores de opciones prefieren comerciar o cerrar sus posiciones y obtener ganancias. Venden sus opciones en el mercado, que luego son compradas por escritores que proceden a cerrar estas posiciones. Según la Junta de Intercambio de Opciones de Chicago, el 60% está cerrado o negociado y solo un 10% de las opciones se actualizan. Alrededor del 30% de las opciones generalmente caducan absolutamente sin valor.

Valores de Opciones

Una opción tiene un valor intrínseco y extrínseco. Ahora; tome una situación en la que el precio premium de una opción aumentó de $ 4.50 a $ 8.50. Notamos que hay una fluctuación en el precio. Esta fluctuación puede explicarse por lo que se conoce como valor de tiempo, que consta de valores intrínsecos y extrínsecos.

Cuando combinas los dos, llegarás a su valor de tiempo. El valor intrínseco es cuando una opción es más alta que el precio de ejercicio de algunas opciones de compra.

Valor de tiempo + Valor intrínseco = Premium

El mercado generalmente valora la opción y luego le asigna un valor que depende en gran medida del posible resultado en función del propio activo. Incluso entonces; tenemos que usar lo que se conoce como un modelo de precios. Este modelo nos ayuda a llegar a un precio más confiable conocido como el precio absoluto. Actualmente, la mayoría de las plataformas comerciales utilizan el modelo Black-Scholes-Merton .Hay otros modelos disponibles también. Incluyen los modelos de árbol trinomial y binomial. Estos son ampliamente utilizados por los comerciantes profesionales.

Cambios en el valor intrínseco.

Como inversionista o comerciante; cuando compre un contrato de opciones, contará con el movimiento del precio de las acciones. Cuando compre una opción de llamada, querrá que el precio suba. Cuando el precio sube, usted se beneficiará y obtendrá ganancias.

Ahora, recuerde que la prima de la opción, o el precio que paga por el contrato, consta de dos partes. Estos son los valores extrínsecos e intrínsecos. El valor intrínseco consiste en una disparidad de precios positivos; entre el precio de ejercicio y el precio de las acciones.

Ejemplo:

Imaginemos que el precio de las acciones es de $ 50 por acción y que el precio de ejercicio es de $ 45, mientras que la prima es de $ 5. En este ejemplo, el valor de las acciones es mayor que el de la huelga. Y como tiene $ 5 más que el precio de ejercicio, esta cantidad es el valor intrínseco de la acción. En nuestro caso, no hay valor extrínseco.

Una opción con valor intrínseco es una que está en el dinero. Mientras tanto; el que tiene un mayor valor extrínseco es normalmente menos sensible al movimiento del precio de la acción. Aquellos con un valor intrínseco mayor, tienden a ser sensibles a los movimientos de precios. Tal movimiento de una acción subyacente se conoce como un delta.

Delta

El término delta se refiere a la sensibilidad de una opción al movimiento de precios de las acciones subyacentes. Un valor de delta de 1.0 simplemente indica que el stock correspondiente de esa opción experimentará un movimiento dólar por dólar.

Para las opciones de venta, el valor delta se cotiza como un valor negativo. Esto demuestra la relación inversa que existe entre el movimiento de stock y la opción de venta. Por ejemplo, una opción de venta que tiene un delta de -0.5 ganará $ 0.50 cuando el precio de las acciones caiga en $ 1.

Cambios de valor extrínseco

Algunas veces nos referimos al valor extrínseco como el valor temporal de una opción; ya que el valor extrínseco consiste en la volatilidad implícita y el valor temporal. Esto también está influenciado por otros factores como los dividendos en acciones y las tasas de interés.

Línea de fondo

Las opciones son excelentes herramientas financieras que pueden utilizarse por diversos motivos. La mayoría de los comerciantes hacen uso de opciones para obtener grandes beneficios. Sin embargo, otros los utilizan para fines de especulación y para protegerse contra riesgos futuros percibidos.

La prima de una opción se determina en función de los valores intrínsecos y extrínsecos. El aspecto intrínseco del precio se relaciona con el aspecto financiero del mismo. El valor extrínseco tiene muchos otros componentes. Siempre considere estos componentes y variables antes de negociar opciones. Debe tener un buen plan de entrada y un plan de salida para cualquier operación que ingrese.

Capitulo 2: Diferentes tipos de opciones

Ya hemos determinado en el capítulo anterior que las opciones son en realidad contratos que otorgan a los compradores el derecho de comprar una garantía correspondiente por un valor predeterminado para un período de tiempo específico. La prima; que se refiere al precio pagado por una opción, consiste en una serie de variables. Estas variables ayudan a los comerciantes de opciones; a tomar decisiones informadas, sobre el mejor momento para negociar opciones.

Diferentes mercados de opciones

Si bien las opciones se encuentran comúnmente en el mercado de valores, también se encuentran en otros mercados. Estos incluyen los mercados de divisas, productos básicos y futuros. Para nuestros propósitos; nos centraremos más en las opciones del mercado de valores, aunque los conceptos sean similares en todos los mercados.

¿Por qué los individuos y los comerciantes comercian con opciones?

Hay diferentes razones por las que los comerciantes e inversores optan por comerciar o negociar con opciones. Una de las razones es para cubrir posiciones. Las personas, organizaciones e instituciones a veces cubren sus posiciones para protegerse contra posibles desastres futuros.

Los comerciantes a menudo usan opciones para generar enormes ganancias a costos mucho más bajos, en comparación con la inversión directa en acciones. La mayoría de los comerciantes de opciones son especuladores. En general; no tienen intención de ejercer los contratos de opciones en los que invierten. En su lugar, prefieren beneficiarse del cambio en el precio de la opción.

Principal ventaja de las opciones

Una de las mayores ventajas del comercio de opciones es que los operadores pueden beneficiarse enormemente del movimiento de los precios de una acción sin tener que comprarla. Por ejemplo: Si una acción ABC cuesta $ 25 cada una y hay razones suficientes para anticipar un aumento de valor en los próximos tres meses, entonces gastará $ 2,500 para comprar 100 acciones. Alternativamente; se podría comprar una opción de compra que implique un precio de ejercicio de $ 27 con una fecha de vencimiento de 2 meses. Esto le costará solo $ 50, una sola opción cuesta $ 0.5. Esto se debe a que $ 0.5 X 100 = $ 50.

Diferentes tipos de opciones

Esencialmente, las opciones constan de dos tipos generales: Las opciones de llamada y las opciones de venta. Como se definió anteriormente, las opciones de venta le dan al inversionista la oportunidad de vender acciones a un precio específico, mientras que las opciones de compra le ofrecen la opción de comprar acciones a un precio determinado.

Activo subyacente

Cada contrato de opción se basa en un activo subyacente. La mayoría de las opciones se basan en acciones de compañías que cotizan en bolsa. En los últimos años, sin embargo, se han utilizado otros valores. Estos incluyen REITS o fideicomisos de inversión en bienes raíces, ETFS o fondos negociados electrónicamente, monedas extranjeras e índices bursátiles. Algunos incluso se basan en productos básicos como minerales, industriales y productos agrícolas.

En general; 100 acciones de una acción correspondiente, sirven como base para los contratos de opciones sobre acciones. Algunas excepciones se hacen en casos especiales; por ejemplo: Donde ocurren las fusiones o cuando hay una división de acciones. Además; las opciones de compra son completamente diferentes a invertir en acciones. Aquí hay una mirada a diferentes tipos de opciones.

Diferentes tipos de opciones

- Opciones semanales - Mini opciones
- El puesto de protección - Opciones sobre acciones
- Opciones de Futuro - Es Opciones Semanales
- Opciones de índice - Mini opciones de índice
- Opciones Binarias - Opciones E-Mini
- Cuentas IRA - Opciones ETF
- Opciones de mes cercano en el dinero

1. Opciones del mes cercano al dinero

Algunas opciones son las más adecuadas para el comercio de día. Un ejemplo es la opción de mes cercano al mes. Básicamente esta opción se refiere a los contratos de opciones que vencen al cierre del próximo mes. Estas opciones suelen superar su precio de ejercicio, por lo que los inversores pueden ejercerlas libremente.

El valor inherente de este contrato de opciones es uno de los factores determinantes de la prima, especialmente cuando se acerca a su fecha de vencimiento. Estas opciones a menudo se negocian en grandes volúmenes y esto causa una brecha más pequeña entre los precios de compra y venta. A medida que la opción se acerca a su fecha de vencimiento, su valor de tiempo disminuye.

2. Opción protectora de venta

Una opción de protección es una opción que utilizan los comerciantes que desean comprar tanto una opción como sus valores subyacentes. Esta es la estrategia preferida en cualquier momento en que se espera que las acciones subyacentes experimenten períodos de alta volatilidad.

Hay casos en los que los comerciantes diurnos compran y venden continuamente la misma opción de compra de acciones durante un tiempo prolongado, tal vez un par de meses, para beneficiarse de una tendencia alcista a corto plazo. En otras ocasiones, los operadores del día hacen uso de una estrategia de compra de opciones de venta en el mismo valor subyacente; solo para asegurarse contra cualquier pérdida aguda en el precio de las acciones. Esto se considera como una técnica de gestión de riesgo. Si bien hay ciertas pequeñas pérdidas pagadas para proteger la participación, la oportunidad de minimizar las pérdidas en una tendencia a la baja es absolutamente invaluable.

3. Opciones de alamcenaje

Los operadores adquieren una técnica para aumentar sus ganancias; a través de opciones de acciones sencillas; con solo comprar o poner en corto, acciones a un precio predeterminado; en un momento determinado en el mercado de opciones. Los comerciantes diurnos tienen privilegios específicos cuando se trata de opciones de stock porque los parámetros se aplican a las opciones de stock. Dado, que tanto las acciones como las opciones sobre acciones se negocian en una bolsa, el mercado tendrá la misma liquidez y permitirá una rápida ejecución de las órdenes. Los inversionistas sofisticados pueden usar las opciones como una cobertura efectiva contra los riesgos.

Las opciones de acciones tienen el potencial de costarle el 100% de sus fondos. Los corredores solo permiten a los comerciantes sofisticados lidiar con sistemas de opciones complejas como las opciones de acciones. Puede estar expuesto a enormes cantidades de riesgo y es crucial que evite las estrategias que requieren una experiencia sustancial. Sin embargo; es bueno tener en cuenta que los comerciantes del día rara vez venden opciones.

4. Opciones semanales

Las opciones semanales también se conocen popularmente como semanarios. Estas opciones generalmente se listan con solo una semana para el vencimiento. La mayoría de las opciones suelen tener varios meses; y a veces incluso, años de caducidad. Sin embargo, los semanarios están generalmente disponibles para los comerciantes de día. Se encuentran en ETNS o billetes cotizados en bolsa, índices de mercado amplio en los EE. UU. Y ETFS o fondos cotizados en bolsa.

Muchos comerciantes ven las opciones tradicionales; como un gran revés, en gran parte debido a la larga duración. Estos traders prefieren los semanarios y los ven como los principales cambiadores de juego. Llegan a aplicar el apalancamiento de las opciones; incluso cuando participan en estrategias más a corto plazo.

Creado los jueves

Los contratos semanales se crean generalmente una vez a la semana en un jueves. Siguen siendo válidos hasta el viernes siguiente para ETNS, ETFS y acciones. Sin embargo; las opciones de índice semanales, a menudo cierran sus sesiones de negociación, finales de los días viernes o jueves, según el índice. Básicamente tienen una vida útil total de siete días hábiles o una semana.

Como operador de día, puede beneficiarse enormemente si capitaliza el aumento de la volatilidad que viene con la disminución del tiempo y el vencimiento que se asocia con las opciones. Las opciones semanales tienen 52 períodos de vencimiento a lo largo del año y esto aumenta sus posibilidades de beneficiarse de las opciones que expiran.

Si bien los semanarios ofrecen un par de ventajas a los comerciantes de día; tienen algunas desventajas posibles, especialmente debido al factor tiempo. Los compradores de opciones generalmente pagan menos por el costo de una opción semanal en relación con las opciones regulares, por lo general experimentan una ventana de oportunidad muy limitada, especialmente cuando las operaciones se mueven en la dirección opuesta a la prevista. En general, existe una oportunidad muy limitada para la recuperación de precios, y es difícil arreglar un comercio mediante ajustes de huelga.

5. Mini opciones

Las mini opciones son en realidad opciones que permiten a los comerciantes e inversionistas negociar opciones basadas en conjuntos de 10 acciones en lugar de los conjuntos estándar de 100 acciones. Las mini opciones tienen fechas de caducidad que son similares en naturaleza a las fechas de caducidad regulares. Esta fecha de vencimiento también es similar a los trimestres y semanales.

Otras características como las ofertas, el precio de ejercicio; también son similares y corresponden a las características de las opciones regulares. Sin embargo; sí, ofrecen ciertos beneficios. Como comerciante, puede disfrutar de los siguientes beneficios simplemente cambiando las mini opciones.

Beneficios de las mini opciones:

- Usted puede cubrir una posición por muy poco dinero.
- Las mini opciones son más asequibles por transacción.
- Se pueden ejercer en cualquier día hábil, siempre y cuando no estén vencidos porque son de estilo americano.

Lamentablemente; también tienen algunos inconvenientes. Por ejemplo:

- Las mini opciones están disponibles solo para valores limitados.
- Tienen una liquidez mucho menor.
- Los diferenciales de oferta y demanda son mucho más amplios.

- Cobran una comisión más alta basada en un porcentaje.

En general, las mini opciones actúan como una gran herramienta para la cobertura de valores altamente valorados y para el comercio diario. Sin embargo, su uso en el comercio diario es limitado a menos que estén disponibles en una mayor variedad de ETF y acciones.

6. Opciones de índice

También tenemos otro tipo de contrato de opciones que se conoce como la opción de índice. Estas opciones le permiten hacer uso de opciones de compra o venta para especular sobre los movimientos de un índice completo del mercado de valores como el S&P 500 o el Dow Jones en lugar de acciones y acciones individuales.

Un operador que negocia con opciones de índice puede capitalizar sus predicciones en función de la volatilidad o la dirección de todo un mercado sin necesidad de operar con opciones basadas en acciones individuales. Uno de los principales desafíos que enfrentan los comerciantes con las opciones de índice de precios; es el cálculo preciso de las estimaciones de dividendos.

Características de las opciones de índice:

o Básicamente, las opciones de índice son menos vulnerables a la volatilidad en comparación con las acciones en general que constituyen un índice.

o Las opciones de índice son capaces de manejar las fluctuaciones a las que las acciones individuales podrían estar expuestas y; como tales, tienden a ser más estables en comparación con otros tipos de opciones.

o Muchas opciones de índice se ejercitan en un estilo europeo. Esto se debe a que no se pueden intercambiar hasta que caduquen. Sin embargo, el comerciante o inversor no necesariamente se quedará con ellos, ya que pueden venderse o comprarse siempre y cuando no hayan expirado.

o Las opciones de índice a menudo se negocian en grandes volúmenes; porque las empresas de inversión, los fondos de cobertura y los operadores individuales las comercializan en gran medida.

o Desafortunadamente para los comerciantes de día, los grandes volúmenes minimizan los diferenciales cotizados en los mercados.

7. Mini opciones de índice

Las mini opciones de índice; resultan ser bastante similares a las opciones de índice ordinarias. Sin embargo; cuestan un 10% menos y son solo un 10% del tamaño normal del contrato. Los comerciantes e inversores con capital limitado pueden fácilmente intercambiar este tipo de opción y beneficiarse de la negociación en el mercado general. Los operadores de día se benefician de este tipo de opción, ya que pueden tener un alcance de estrategia más amplio.

Hay ciertos beneficios o ventajas de las opciones de mini-índice.

Aquí hay un vistazo a algunos de estos beneficios:

- o Son mucho más baratos en comparación con las opciones de índice ordinarias.
- o Se asemejan perfectamente al índice subyacente.
- o Por lo general, ofrecen una cobertura parcial contra las opciones de índice ordinarias.

También hay algunas desventajas. Algunas de estas desventajas incluyen:

- o Las mini opciones de índice, tienen un gran margen de oferta y demanda.

- Por lo general, tienen un mayor valor extrínseco debido a una menor liquidez.
- Son mucho más caros en comparación con otros.

8. Opciones binarias

Las opciones binarias se encuentran entre las opciones más cómunmente comercializadas. Son conocidos por diferentes nombres dependiendo de la plataforma en la que están negociando. Por ejemplo: Las opciones binarias se denominan FRO u opciones de retorno fijo; cuando se negocian en la Bolsa de Valores de Estados Unidos. En los mercados de divisas, se les conoce como opciones digitales y; a veces, como opciones de todo o nada en el ASE o en la Bolsa de Valores de Estados Unidos.

La razón por la que se conocen como binarios; es que esta clase de opciones ofrece rendimientos o ganancias en dos resultados. Esto significa que obtienes algo o nada. En este caso donde tiene opciones binarias, la rentabilidad suele ser una cantidad preestablecida como $ 100.

Hay ciertos activos que pueden ser negociados como opciones binarias. Estos activos incluyen:

- Cepo
- Productos básicos
- Monedas

- ○ Índices bursátiles

Si bien hay muchos tipos diferentes de opciones binarias, solo dos son utilizados comúnmente por los comerciantes de día. Estas opciones binarias populares son:

- ○ Activo, o nada de opciones binarias.
- ○ Opciones binarias en efectivo, o nada

La opción binaria de activo o nada; paga el valor total de la seguridad subyacente. La opción binaria de efectivo o nada le paga a un inversionista una cantidad fija de dinero en caso de que la opción esté dentro del dinero al vencimiento. Esta es la razón por la que este tipo de opciones se conoce como binario. Puede esperar recibir solo uno de los dos resultados que invierten en esta clase de opciones en particular.

El razonamiento detrás del comercio de opciones binarias día es bastante simple. Como comerciante, el objetivo es ingresar a una posición comercial y salir antes del cierre de la jornada. Todos los contratos de opciones binarias vienen con fechas de vencimiento y fechas. Esto significa que la mayoría de los contratos de opciones binarias tienen una fecha de vencimiento establecida, excepto en las plataformas de negociación donde los operadores tienen una expiración variable en las opciones.

Como operador de día, debe identificar las fechas de vencimiento que concluirán las operaciones en el mismo día. Esto se debe a que una vez que ingresa a una transacción que tiene una fecha de vencimiento, no podrá salir manualmente de la misma manera que lo hace con todas las demás operaciones de opciones.

Ganancias predeterminadas

Al negociar con opciones binarias, ya sabrá cuál será su beneficio potencial. Esto se debe a que el beneficio potencial siempre está predeterminado. Además, las opciones binarias se pueden aplicar a casi todos los tipos de valores y productos financieros como entradas o llamadas.

Esta es la razón por la que el comercio diario con opciones binarias, se considera fácil y bastante rentable. Como comerciante, puede esperar altos rendimientos que se pagan casi inmediatamente. Aparte de la alta rentabilidad de las opciones binarias, existen otras ventajas que ofrecen.

Beneficios adicionales de las opciones binarias:

- Como comerciante, puedes seleccionar tiempos de caducidad variables para que se ajusten a tus estrategias.

- No hay intermediarios, por lo que podrá administrar su propia cuenta de operaciones.
- Puedes intercambiar opciones diversificadas al mismo tiempo.
- Se le permite realizar múltiples inversiones pequeñas, lo cual es similar a las operaciones diarias, pero con una exposición limitada al riesgo.
- Un comercio puede ser lo suficientemente rentable para contrarrestar las pérdidas anteriores.
- Como comerciante, tiene oportunidades comerciales a lo largo del día sin tiempo de inactividad.
- Con las opciones binarias, el potencial para obtener ganancias es alto y los tiempos de respuesta son muy rápidos.
- Los comerciantes de día tienen nuevas oportunidades constantes a medida que los mercados de opciones binarias continúan expandiéndose.
- La seguridad es alta en estas plataformas, en gran parte debido a la naturaleza del comercio privado en el mercado de opciones.
- La volatilidad no es un gran problema porque los riesgos son la transparencia y también las opciones tienen plazos de tiempo cortos.

Si desea ser un comerciante inteligente, debe asegurarse de seguir los patrones y tendencias en el mercado. Cuando pueda identificar una verdadera tendencia, entonces podrá obtener ganancias regularmente de manera continua y con la necesidad de cambiar de estrategia. Sin embargo, si la tendencia no funciona porque era falsa o debido a breves tiempos de negociación, debe salir de la transacción para minimizar las pérdidas.

9. Opciones de Futuro

Las opciones sobre futuros son contratos que se centran en un contrato de futuros. Como comprador, se reserva el derecho de elegir una posición de futuros sobre un índice, una divisa, una materia prima u otro precio financiero. El comercio de opciones es a un precio específico conocido como precio de ejercicio y usted mantiene su derecho hasta el vencimiento de la opción.

El vendedor obliga a un vendedor de opciones futuras a asumir la posición de futuros inversa tan pronto como ejerza su derecho. Estas opciones se negocian en los mismos intercambios con los contratos de futuros tradicionales. Los contratos de opciones concuerdan concisamente con los valores subyacentes, que en este caso son contratos de futuros. El emparejamiento es en términos de precio de ejercicio, fechas de vencimiento y cantidades.

Hay ciertas diferencias entre los futuros y las opciones de futuros. Como ejemplo, los compradores y vendedores tienen diferentes obligaciones. Es aconsejable averiguar más sobre las diferencias entre las opciones de los contratos de futuros y las opciones basadas en contratos de futuros.

Contratos de futuros

Cuando se trata de contratos de futuros; usted, como comprador, asumirá la obligación de comprar un activo en particular en una fecha determinada en el futuro. Su vendedor está obligado a vender y luego entregar el activo específico en esa fecha futura a menos que su posición cierre mucho antes de la fecha de vencimiento.

Los contratos de futuros generalmente no tienen ningún costo inicial. Esto contrasta con otros contratos de opciones que tienen algunos costos iniciales. Además; la posición subyacente tiene un tamaño mucho más grande. Cualquier ganancia obtenida se acredita a la cuenta de futuros, justo al cierre del día de negociación. Como tal, el valor del activo se registra en función de su precio de mercado.

Opciones basadas en contratos de futuros.

Las opciones basadas en futuros le otorgan a usted, como comprador, el derecho de vender un valor subyacente a un precio predeterminado. Como comprador, puede ejercer su derecho a vender este activo siempre que el contrato sea válido y no haya vencido. Sin embargo, en este caso, el tamaño de la posición subyacente suele ser menor en comparación con el de un contrato de futuros.

Cómo hacer ganancias:

- o Considere esta posición como una gran oportunidad de cobertura.
- o Ejecute la opción tan pronto como se encuentre dentro del dinero.
- o Mantenga su posición hasta que caduque, luego aproveche la magnitud del aumento entre el precio de ejercicio y el precio del activo.

10. ES Opciones Semanales

Este tipo de contrato de opciones se conoce comúnmente como opciones semanales sobre futuros. Es utilizado principalmente por los comerciantes del día para el comercio de swing a corto plazo, así como el comercio del día. Las opciones semanales sobre futuros brindan una oportunidad de negociación adicional al día con aún más beneficios.Aquí hay un vistazo a estos beneficios:

- o Estas opciones lo exponen a riesgos limitados.
- o No es necesario tener una cuenta de futuros para tratar con ellos.
- o Las reglas comunes, como el comercio de patrón día no son aplicables en este caso.
- o Las opciones aumentan de valor mucho más rápido cuando se prolonga debido a la opción Griego.

Incluso entonces; hay algunos inconvenientes o negativos relacionados con este tipo de comercio. Aquí hay un vistazo a algunos de estos aspectos negativos:

- o Tienen un período de tiempo muy breve antes del vencimiento.
- o Necesitas mucho más esfuerzo para colocarlo.
- o Es un desafío establecer órdenes limitadas si espera ingresar o tener un objetivo

Al igual que ocurre con el comercio de futuros, al intercambiar las Opciones Semanales de ES como operador de día en los gráficos de 15 minutos, puede acceder a oportunidades intradía más valiosas en relación con el gráfico diario.

11. Opciones de E-Mini

Uno de los contratos de opciones menos conocidos es el contrato E-mini. Esta es una opción que se comercializa electrónicamente. Se considera en gran parte como una mini versión del contrato de futuros ordinario. El contrato E-mini, al igual que con otras mini opciones, está en línea con la estructura de la contraparte estándar, que es más pequeña en tamaño y más barata en precio.

Estos contratos ofrecen a los inversores un gran apalancamiento, especialmente cuando las inversiones son relativamente pequeñas. El único desafío es que cualquier pérdida potencial es exponencialmente grande. Si bien estos contratos E-mini se pusieron a disposición por primera vez para el S&P 500, hoy se puede acceder fácilmente a ellos en otros índices, como el S&P Midcap 400 y el NASDAQ 100.

Estas opciones son utilizadas a veces por los comerciantes del día para protegerse o incluso como una herramienta de apalancamiento. Los comerciantes e inversores también pueden usar las opciones de E-mini para aumentar sus ganancias en otras operaciones futuras. También se usan popularmente para proteger o salvaguardar una posición que se percibe como vulnerable a los movimientos del mercado.

12. Opciones de ETF

Una opción de ETF es un contrato de opciones que se deriva del ETF o fondo cotizado en bolsa. Los ETF son básicamente fondos de inversión que luego se negocian en el mercado de valores. Los fondos negociados electrónicamente contienen una cantidad específica de activos subyacentes que incluyen bonos, materias primas y acciones. Se negocian muy cerca del valor del activo neto a lo largo del curso de la jornada.

Las acciones y otros instrumentos financieros se negocian de la misma manera que las acciones ordinarias en el curso. De esta manera, un operador puede comprar y vender acciones e incluso las opciones de un fondo negociado electrónicamente a través de una cuenta de corretaje. Encontrará ETF en todos los índices de acciones comunes, como el compuesto Nasdaq 100 (QQQQ) y el Promedio industrial Dow Jones.

En algún momento, los comerciantes elegirán una industria específica porque es probable que encuentren existencias de las principales industrias en la mayoría de los ETF. De esta manera, los operadores pueden enfocarse más en determinar y predecir movimientos en una industria específica en lugar de una selección mixta de acciones como lo ofrecen los ETF de índices estándar.

Las opciones de ETF son muy útiles ya que sus opciones relacionadas se negocian a lo largo del día. Como operador de día; si realiza una negociación activa de las opciones de ETF y utiliza estrategias de cobertura, debe asegurarse de estar bien informado sobre la información de fondo de las acciones subyacentes.Si se siente confiado con esta información, se beneficiará de los beneficios fiscales y los bajos costos asociados con las opciones de ETF de negociación.

13. Opciones de cuentas de jubilación individuales o IRA

Otra cuenta de opciones que está disponible es el contrato de opciones IRA. Sin embargo, las cuentas IRA generalmente no están disponibles para la población general debido a las reglas establecidas por la SEC o la Comisión de Bolsa y Valores de EE. UU.

La SEC exige que cualquier comerciante de día tenga la designación adecuada y debe tener cuentas de corretaje de margen. Sin embargo, este no es el caso cuando se trata de una cuenta IRA. Dichas cuentas no pueden ser cuentas de margen y están limitadas solo a cuentas en efectivo.

En términos simples; el comercio diario de opciones de acciones y acciones, requiere que los operadores operen una cuenta de margen y cualquier cuenta IRA utilizada debe tener solo un estado de cuenta de efectivo. La única alternativa que puede tener es crear su propia cuenta IRA a través de un corredor de futuros de productos básicos.

Capítulo 3: Terminología de opciones útiles

A medida que aprende sobre las opciones y entiendes cómo funcionan, es extremadamente útil que entiendas la terminología involucrada. Tenemos la terminología de opciones generales y luego tenemos terminología específica para los precios.

Cuando se trata de opciones; la terminología es muy similar a la utilizada en futuros, en muchos aspectos. Aquí hay algunas definiciones útiles con las que debe familiarizarse.

Opciones de Terminología de Trading

At-the-Money: el término at-the-money se refiere a un punto específico en el que el precio de negociación y el precio de ejercicio convergen.Cuando tanto el precio de ejercicio como el precio de negociación son los mismos, entonces decimos que la opción es en el dinero.

Opciones estadounidenses: estas son opciones que un comerciante puede ejercer, tramitar o canjear en cualquier momento durante la vigencia del contrato de opciones.Un gran porcentaje de las opciones ejercidas en los Estados Unidos son opciones estadounidenses.

Conversión: Cada vez que compre una opción de venta, venda una opción de compra o compre un valor subyacente, habrá creado una posición que se conoce como conversión. Esto es común en situaciones donde los contratos de opciones tienen vencimiento y precio de ejercicio similares.

Llamada: Una llamada es esencial en un contrato de opciones que otorga a los inversionistas el derecho de comprar un producto subyacente dentro de un período de tiempo estipulado.Sin embargo, el contrato no conlleva la obligación de comprar el producto.También puede ingresar una posición larga de futuros, con la opción de llamada.

Delta: Este término se refiere al cambio de precio esperado de una opción; basado en el cambio, en el precio, por una sola unidad del valor subyacente.También puede basarse en una mercancía física.

Vencimiento: Se refiere a la fecha en que un contrato de opciones expira automáticamente. Esta fecha también se refiere al último día en que se puede ejecutar un contrato de opciones.

Ejercicio: Esto significa; elegir si vender o comprar una opción, aprovechando al máximo los derechos que vienen con un contrato de opciones.

En el dinero: Se dice que un contrato de opciones está en el dinero; si producirá beneficios o un resultado positivo si se ejerce.

Valor intrínseco: Este término se refiere al valor que tiene una opción en caso de que se ejerza inmediatamente.También muestra el nivel en el cual, la opción está en el dinero.

Fuera del dinero: Este término se refiere a un contrato de opción, que no tiene ningún valor intrínseco.

Prima: Se refiere a la cantidad de dinero que un comprador de opciones paga al vendedor. Es el pago realizado al escritor de opciones para otorgar un contrato.

Opción de venta : Este término se refiere a un contrato de opciones; en el que el comprador adquiere todos los derechos para vender un producto subyacente a un precio fijo; dentro de un período de tiempo determinado. Sin embargo, el comprador no está obligado a vender el valor subyacente.

Spread: El término spread significa; comprar un mes de entrega de futuros vinculados, a la venta de otro mes de entrega de futuros. El producto subyacente es generalmente el mismo en ambos casos.

Estrangular: Este término se refiere a la posición de un contrato de opciones. La posición consiste; en comprar opciones de compra y venta, que tienen diferentes precios de ejercicio; pero, una fecha de vencimiento similar.

Futuros sintéticos: Esta es básicamente una posición que se asemeja mucho a un contrato de futuros que se crea al juntar las opciones de pull y call.

Valor de tiempo: Todas las opciones tienen un valor de tiempo que es la parte de la prima que va más allá del valor intrínseco. Esta parte de la prima de la opción da un claro indicador de que un contrato de opciones posiblemente se moverá al dinero.

Opciones de terminología de precios

Es recomendable aprender lo más posible; sobre los precios de las opciones, especialmente en el nivel básico. A continuación se muestra una revisión de la terminología más básica; relacionada con los precios de las opciones.

Opciones de dinero: Estos son contratos de opciones; con un precio de ejercicio que es exactamente el mismo, que el precio de mercado del producto básico subyacente.

Contrato: Esta es una opción que consta de 100 acciones de un valor subyacente específico.

Cobertura cubierta: Este es un contrato de opciones en el que el escritor de la opción tiene una posición corta dentro de la seguridad subyacente; basada en una participación de compartir.

Llamada cubierta: En este caso, el escritor de contratos de opción tiene una posición larga en la seguridad subyacente; basada en un término de compartir por compartir.

Escritor cubierto: Este término se refiere a un vendedor de opciones que también posee la seguridad subyacente. El propietario cubre la seguridad contra la opción.

Fecha: Esta es la fecha en que un contrato de opción expira y se anula. Una gran cantidad de contratos de opciones vencen el tercer viernes a las 4:00 pm del mes de vencimiento.

Derivado: Esta es una seguridad; que deriva su valor de otra seguridad denominada seguridad subyacente. Los contratos de opciones son un tipo de derivado; porque, derivan su valor de un valor subyacente.

Ejercicio anticipado : Cuando decide ejercer un contrato de opciones antes de que alcance su fecha de vencimiento. Esto puede suceder con las opciones de estilo americano.

Opciones europeas: Este término se refiere a un tipo específico de contrato de opciones; que solo se puede ejercer en un período de tiempo determinado, justo antes de que caduque.

Titular: Un comerciante que compra un contrato de opciones; le paga al escritor una prima.

LEAPS: Valores de anticipación de capital a largo plazo: Se trata de contratos de opciones que se negocian públicamente con fechas de vencimiento que se extienden más allá de un año.

En el dinero: Decimos que una opción de compra es en el dinero; cuando el valor del valor subyacente es mayor que el precio de ejercicio de las opciones.

Opción listada: Esta es una opción de compra o venta que está disponible para el comercio en el intercambio de opciones. Algunos de los términos relacionados con la opción; están determinados y estandarizados por el intercambio.

 Interés abierto: La suma de todas las opciones pendientes en el mercado de opciones; en un día específico.

Opción desnuda: Se refiere a la posición de una opción; que no incluye la posición de compensación del escritor, con la seguridad subyacente. Esto significa que no hay protección en caso de que el precio se mueva en la dirección opuesta.

Opción: Una opción; es un instrumento financiero y un derivado. Este derivado otorga a su comprador el derecho a un activo o valor; sin ninguna obligación de vender o comprar. Sin embargo; esto suele ser por un período de tiempo específico y a un precio establecido.

Fuera del dinero: Una opción que no tiene valor intrínseco y que vencerá sin valor; al cierre de la jornada de negociación. Para las opciones de compra; este es el caso cuando el precio de ejercicio excede el precio de mercado del valor subyacente. Para la opción de venta; esto es, cuando el precio de ejercicio está por debajo de la tasa de mercado del valor subyacente.

De venta libre: Este término se refiere a los contratos de opciones; que no se negocian en un intercambio como otras opciones.Tal opción carece de fechas de vencimiento estandarizadas y precios de ejercicio.

Prima: Este es el costo total de un contrato de opciones. Cuando compra una opción; paga una cantidad conocida como la prima. Esta cantidad combina el valor de tiempo de la opción y su valor intrínseco.

Put: Se refiere a un contrato de opción; que otorga a un comprador, el derecho de vender un valor subyacente sin la obligación de hacerlo. Este derecho, está vinculado dentro de un cierto período de tiempo y un precio acordado.

Precio de ejercicio : Este es el precio acordado entre las partes; en el cual puede ejercer su contrato de opciones. Para una opción de compra, la huelga es generalmente el precio al que puede comprar el contrato. Para las opciones de venta, se refiere al precio al que puede vender la opción. A veces este precio se conoce como el precio de ejercicio.

Términos: Un contrato de opciones tiene condiciones. Estos incluyen una fecha de vencimiento, precio de ejercicio, garantía subyacente y así sucesivamente. Estos se conocen colectivamente como términos.

Escritor: Este es un inversionista que escribe y vende contratos de opciones; y cobra una prima como pago por el esfuerzo. Como escritor, está obligado a vender o comprar el valor subyacente en caso de que el titular decida ejercer la opción.

Seguridad subyacente: Este término se refiere a una garantía financiera; que se venderá o comprará en caso de que se ejerza una opción.

Capítulo 4: Trading de Opciones frente a acciones

Los comerciantes e inversores utilizan las opciones y las acciones para beneficiarse financieramente, del movimiento de las acciones. Sin embargo; estos valores financieros tienen diferencias importantes en la forma en que se crean y en el modo de operación.

Las opciones a veces se usan para cubrir posiciones que han sido establecidas por los operadores. Sin embargo; las acciones también se utilizan ampliamente para determinar la visión direccional de una empresa.

Contratos de Opciones

Los inversores tienen un amplio margen financiero y estratégico con opciones; en comparación, con simplemente invertir en acciones. Al invertir en opciones; los operadores no solo se protegen contra las pérdidas, sino que también obtienen acceso a las acciones a una fracción de los costos normales. Los contratos de opciones reducen su riesgo en todas las condiciones del mercado en las apuestas especulativas, y aumentan sus ganancias en cualquier posición nueva o existente que pueda tomar.

El comercio de opciones; tiene muchos aspectos positivos, en comparación con el comercio de acciones solamente, u otros valores. Sin embargo; hay algunos riesgos inherentes que debe tener en cuenta. Como comerciante potencial; debe conocer los grandes beneficios y los riesgos inherentes, relacionados con las opciones de negociación.

Pros de Opciones de Trading

1. Se requieren recursos financieros iniciales mucho más bajos que con las acciones.

El costo de las opciones de compra; que incluye el monto de la prima y la comisión de negociación, es mucho menor en comparación, con el monto que pagará para invertir directamente en acciones.

Como inversionista o comerciante; pagará menos dinero para invertir en el mismo número de acciones, en comparación con el que invierte directamente en acciones. Sin embargo; si el comercio tiene éxito, entonces se beneficiará tanto, como un inversor directo en porcentaje.

2. Pérdidas limitadas al invertir en acciones y opciones.

Cuando compra opciones de acciones, no está obligado a ejercer su derecho a comprar o vender las acciones subyacentes. Si sus estimaciones o especulaciones sobre el movimiento de acciones son correctas, entonces usted obtiene una gran ganancia. Sin embargo; si sus especulaciones no se cumplen, entonces sus pérdidas se limitan solo al costo de la prima y los honorarios de corretaje.

3. Las opciones ofrecen a los operadores flexibilidad en sus operaciones.

Hay un par de estrategias que pueden ser implementadas por inversionistas o comerciantes; antes de la expiración del contrato. Estas son algunas de estas estrategias:

- o Puede ejercer una opción y comprar las acciones subyacentes y luego agregarlas a la cartera.

- o También puede ejercer un contrato de opción, comprar acciones y luego venderlas para obtener una ganancia en el mercado de valores.

- o Puede recuperar algunos fondos que se gastaron en la compra de una opción fuera del dinero. Esto es mediante la venta de la opción a otro comerciante antes de que caduque.

- También puede ejercer opciones que están en el dinero para otros inversores.

4. Las opciones pueden ayudarte a arreglar el precio de las acciones.

Los contratos de opciones actúan de manera similar a los depósitos en las tiendas; porque permiten a los inversionistas fijar el precio de una acción a un valor específico, que en nuestro caso es el precio de ejercicio durante un par de días, semanas o meses. Esto le garantiza que un inversionista podrá vender o comprar el valor subyacente al precio de ejercicio antes de que caduque la opción.

5. Tienes un montón de apalancamiento.

Con los contratos de opciones, puede invertir una cantidad de dinero significativamente pequeña y controlar una gran cantidad de acciones. Por ejemplo: Un solo contrato de opciones le permite ser parte del movimiento de 100 acciones de una acción. En este caso, su riesgo se limitará a un cierto nivel y los costos serán extremadamente bajos.

Reveses de las opciones de negociación

1. Los vendedores están expuestos a grandes y; a veces, pérdidas ilimitadas.

Los compradores y tenedores de opciones solo están expuestos a pequeñas pérdidas. Sin embargo, el riesgo del escritor de la opción es casi ilimitado. Las pérdidas en las que pueden incurrir son mucho mayores que el costo del contrato de opciones. La razón es que tienen la obligación de comprar o vender acciones; o las acciones subyacentes si un comprador o vendedor decide ejercer su derecho.

2. El tiempo siempre es limitado para que el inversionista obtenga una ganancia.

Las opciones son de corto plazo en la naturaleza. Los inversionistas que usan opciones a menudo buscan movimientos de precios a corto o corto plazo que pueden capitalizar. Estos movimientos de precios; deben realizarse en un par de días, semanas o meses para que se produzca el pago.

Como tal, es crucial hacer una serie de suposiciones. Estos deciden cuándo comprar una opción y cuándo ejercerla, o retirarse del contrato antes de su vencimiento. Esto contrasta con los compradores de acciones a largo plazo;

que realmente no tienen límite de tiempo. Son capaces de invertir y esperar años e incluso décadas.

3. Los comerciantes tienen que calificar para el comercio.

Como operador de opciones, hay ciertos criterios esenciales que debe cumplir para comenzar a operar. Por ejemplo: Debe ser aprobado por un corredor. Para hacerlo; responda un par de preguntas o pase por un proceso de selección similar. El agente tendrá que averiguar sobre su situación financiera personal y su conocimiento y experiencia con el riesgo y la comprensión de cómo negociar las opciones.

Después de la selección, lo más probable es que se te asigne un nivel de negociación basado en tu habilidad y experiencia. El corredor también tendrá en cuenta su comprensión del riesgo que implica el comercio de opciones. Este nivel dictará el tipo de operaciones de opciones que se le permitirá colocar.

Como comerciante, generalmente se espera que mantenga un saldo mínimo de aproximadamente $ 2,000 en la cuenta de corretaje. Este es el requisito general dentro de la industria y este es un costo que debe considerar seriamente.

4. Los operadores de opciones pueden incurrir en costos adicionales que afectan los rendimientos.

Hay ciertas estrategias que necesitan que usted establezca una cuenta de margen. Por ejemplo: Cuando está vendiendo un contrato de opciones de compra; de valores que no posee. Esta cuenta de margen proporciona una línea de crédito que se mantiene como garantía en caso de que el comercio se mueva en su contra.

Existen diferentes requisitos mínimos en las distintas firmas de corretaje para la apertura de cuentas, etc. La tasa de interés y la cantidad dependerán de factores como: La cantidad de valores y el efectivo que están presentes en una cuenta. Puede obtener acceso a préstamos de margen con tasas de interés que van desde los dígitos bajos hasta los dos dígitos bajos.

En el caso de que no pueda reembolsar el préstamo de margen que le adelanta su firma de corretaje; entonces el corredor, emitirá una llamada de margen y liquidará su cuenta, en caso de que no le agregue algunos fondos o valores. Esto también puede suceder si su cuenta cae por debajo de un cierto porcentaje, lo cual es muy posible en el transcurso de un día de negociación.

Puede obtener información detallada sobre los riesgos y las características de los contratos de opciones

estandarizadas en la Options Clearing Corporation de los
EE. UU. También hay regulaciones sobre el impuesto a la
renta con las que debe familiarizarse si va a intercambiar
opciones y otros valores.

Pros de Trading Equities

1. Las acciones tienen una liquidez significativamente alta.

En comparación con los mercados de opciones, los
mercados de acciones son significativamente más
líquidos. Para la mayoría de los comerciantes e inversores,
es fácil entrar y salir de las posiciones. Esto puede suceder
en minutos en la mayoría de los casos. Salir de posiciones
en unos pocos minutos es especialmente fácil para las
acciones que constituyen índices importantes como el S&P
500. Esta liquidez a menudo proviene de fondos mutuos y
fondos de índices pasivos que se invierten en las acciones
de S&P 500. Estos fondos buscan regularmente invertir en
acciones contenidas en el fondo para poseer porcentajes
más altos.

2. El tiempo está de tu lado.

Las opciones le dan muy poco tiempo para beneficiarse de
los movimientos del mercado. Este no es el caso cuando se
trata de acciones. De hecho; las acciones no tienen límite

de tiempo, lo que significa que puede mantenerlas durante el tiempo que considere necesario.

Como inversionista en acciones, tiene un montón de tiempo dentro del cual puede ingresar y salir de operaciones. No será castigado por la entrada temprana o tardía en oficios. Sin embargo; los operadores de opciones realmente necesitan tener en cuenta el tiempo; porque los contratos de opciones están limitados por el tiempo.

3. Las acciones generalmente tienen un menor riesgo.

Tanto las acciones como las opciones tienen sus propias ventajas y desventajas. Sin embargo; en general, los comerciantes e inversores ven las acciones como generalmente menos riesgosas. La volatilidad de cualquier acción dada es generalmente mucho más baja que la de las opciones. Además, las acciones no tienen riesgos debido al deterioro del tiempo.

Desventajas asociadas con las existencias

Hay ciertas desventajas del comercio de acciones en comparación con los contratos de opciones. Examinaremos algunas de estas desventajas y veremos cómo se comparan con las opciones.

1. Las acciones tienen alza limitada.

La mayoría de las acciones se mueven en conjunto con los índices respectivos. Las acciones rara vez se mueven por encima del 20% en un año determinado. Los comerciantes con finanzas limitadas o capital pequeño se sentirán frustrados al descubrir que, incluso con todo el tiempo del mundo, su potencial de ingresos es limitado. Esto contrasta con los operadores que se centran en otros instrumentos, como las opciones, que pueden duplicar sus ingresos en unos pocos meses o incluso semanas. Solo unas pocas opciones comerciales bien gestionadas y buenas técnicas de gestión de riesgos, es muy posible realizar múltiples inversiones en un corto período de tiempo.

2. Las acciones tienen un apalancamiento limitado.

Los inversores en acciones solo pueden acceder a un capital limitado; a través de préstamos de hasta el 50% del valor total de los valores que han comprado. Esto se refiere a los préstamos de margen que son adelantados por las firmas de corretaje a los clientes.

Esta limitación es colocada por el gobierno federal a través de las regulaciones de la Reserva Federal. Este reglamento se aplica solo a los mercados de acciones, pero no a los mercados de derivados. Se desaconseja el uso de un apalancamiento excesivo y, en general, está mal visto. Sin embargo, los inversionistas con sumas de capital de aproximadamente $ 5,000 pueden acceder a préstamos marginales de hasta $ 10,000 que pueden usar para invertir en operaciones.

3. Mayores riesgos por menores beneficios.

Es posible poner dinero en una acción y realmente perder la cantidad total. Si bien esto es muy raro y casi no ocurre, puede suceder si el valor del activo se reduce a cero. Cuando se trata de opciones, solo puede perder su inversión inicial, que en la mayoría de los casos es la prima pagada por el contrato de opciones. Si bien las pérdidas pueden sonar similares en ambos casos, esto no es así. La cantidad de capital necesaria para invertir en acciones es muy diferente de las cantidades utilizadas en el comercio de opciones.

Ejemplo:

Vamos a hacer un inventario de ABC que actualmente se cotiza a $ 100. Según sus estimaciones, esta acción aumentará en $ 20 a alrededor de $ 120. Como comerciante, usted decide comprar 100 acciones para obtener una ganancia de $ 2,000. Para lograr esto, tendrá que invertir $ 10,000 y ponerlo en riesgo.

Con las opciones, solo tendrá que invertir aproximadamente ($ 1.50 * 100 = $ 150). Solo gastará $ 150, que es la cantidad que necesita, pero aún así obtendrá tanto beneficio como el inversor en acciones.

Otras consideraciones cruciales

Para tomar decisiones informadas sobre si comprar, vender o mantener acciones, debe comprender más sobre las operaciones y los negocios de una empresa. También debe comprender la visión de la empresa y tener un sentido de dirección hacia donde se dirige el activo. Esto es crucial, especialmente para los operadores de opciones.

Para tener éxito, los inversionistas en opciones deben tener una excelente comprensión del valor intrínseco de una empresa y también deben afirmar las tesis sobre los fundamentos de una empresa y cómo los eventos a corto plazo afectarán su rendimiento; como la macroeconomía. Numerosos inversores pueden optar por pensar que las opciones solo agregan complejidad a su cesta de inversiones. Sin embargo; si realmente desea obtener grandes ganancias y disfrutar de rendimientos atractivos de sus inversiones, entonces el comercio de opciones e inversiones es realmente el camino a seguir. Es crucial que aprenda cómo intercambiar opciones y cómo limitar sus desventajas. Afortunadamente, estas son algunas de las cosas que aprenderá en este libro.

Elegir opciones sobre acciones

Influencia

Cuando compra opciones, sus ganancias potenciales son prácticamente ilimitadas; mientras que las posibles pérdidas se limitan a su inversión original y a los costos adicionales incurridos, como los honorarios de corretaje. Por lo tanto; en teoría, sus ganancias potenciales son ilimitadas, mientras que las pérdidas se limitan a la cantidad pagada como prima.

Además, usted gasta significativamente menos para invertir en acciones a través de opciones; en comparación con las inversiones, en acciones directas. Por ejemplo; para comprar $ 10,000 en acciones, tendrá que desembolsar al menos esa cantidad de dinero. Con las opciones, pagará una pequeña fracción de esta cantidad. Sin embargo; puede obtener los mismos rendimientos en ambos casos.

Ejemplo:

Supongamos que tiene $ 10,000 para invertir en el mercado de valores. Eche un vistazo a la acción ABC, que vale $ 20 por acción. Con $ 10,000, puedes comprar 500 acciones de la acción. Si tuviera que poner este dinero en opciones, controlaría una cantidad de acciones mucho mayor porque las opciones cuestan significativamente menos.

A $ 2 por contrato, le costaría $ 200 por contrato de opciones con 100 acciones por contrato. El monto de nuestra inversión de $ 10,000 nos conseguiría fácilmente 50 contratos de opciones con más de 5000 acciones. Un pequeño movimiento en la dirección correcta le proporcionaría una ganancia significativamente alta en comparación con la compra de acciones.

Estrategias de ajuste fino

Cuando invierte sus fondos en acciones, sus opciones están bastante limitadas a comprar o vender acciones. Sin embargo; con las opciones, es fácil identificar una estrategia que se ajuste a sus expectativas. Las opciones de compra de acciones se pueden comprar y ejercer en numerosas combinaciones que permiten a los operadores ajustar las estrategias para que puedan adaptarse a las condiciones del mercado; ya sean bajistas, alcistas, neutrales o intermedias.

Por ejemplo: Como inversionista en opciones, puede optar por seleccionar una variedad de fechas de vencimiento. Estas opciones pueden variar entre aproximadamente las opciones mensuales de vencimiento con LEAPS que tienen cerca de tres años antes del vencimiento. Es posible encontrar una huelga basada tanto en su tolerancia al riesgo como en la expectativa de rendimiento del stock.

Con este enfoque; también puede beneficiarse significativamente de la alta volatilidad del mercado, simplemente al elegir una estrategia que lo beneficiará de movimientos importantes en cualquier dirección; como por ejemplo: El acceso a corto. Las opciones también se usan ampliamente para cubrir posiciones; tales como el puesto de protección y para administrar el riesgo, como con la estrategia de reemplazo de acciones.

Capítulo 5: Opciones de volatilidad y variables griegas

Como operador de opciones, realmente necesita comprender la utilidad de la volatilidad. La razón es que la volatilidad puede afectar seriamente sus estrategias de opciones. El problema es que la mayoría de los comerciantes; especialmente los principiantes, no comprenden la importancia de la volatilidad. Esto se puede atribuir a una mala comprensión o falta de conocimiento sobre este tema.

Numerosos libros, tutores y formadores a menudo presentan estrategias de opciones como conceptos individuales y fijos en lugar de estructuras flexibles que deben ajustarse en función de la actividad de los mercados. Si cambia las opciones y luego ignora la volatilidad; más tarde experimentará una desagradable sorpresa. Este capítulo se esforzará por ayudarlo a comprender la volatilidad y cómo aplicarlo a sus estrategias comerciales para que tenga más operaciones ganadoras.

Piense, planifique y planee estrategias antes de comerciar.

Con demasiada frecuencia, los operadores de opciones desarrollan estrategias que luego se apresuran a implementar sin pensar en ellas. Son de la opinión de que estas estrategias van a obtener ganancias fáciles y rápidas. Sin embargo; ponen muy poca investigación o pensamiento en ello.

En el comercio de la vida real; realmente debería pasar mucho más tiempo pensando y menos tiempo para tener más éxito, y también; para facilitar las cosas a largo plazo. Incluso algunos de los mejores traders cometen errores y han sufrido pérdidas. Los comerciantes exitosos, sin embargo, aprenderán de sus errores mientras que los que no lo logran continuarán sin cesar.

Una introducción a la volatilidad

Definición

Podemos definir la volatilidad como una medida estadística de los niveles de fluctuaciones de una acción, acciones o todo el mercado. El valor se calcula como el ASD o la desviación estándar anualizada de las oscilaciones de los precios de un valor en términos de porcentaje diario. El valor se expresa como un porcentaje.

Volatilidad historica

La volatilidad histórica es simplemente una medida de la volatilidad de una seguridad en el pasado. Al calcular esta cifra, tendrá que definir un período específico en el tiempo para su consideración. Una de las cifras más comunes utilizadas para la volatilidad histórica es el período de veinte días. Esta medida específica se aproxima a los números totales del día de negociación dentro de un mes.

Volatilidad implícita

Otro término útil es la volatilidad implícita. Esto mide la volatilidad que implica el precio de mercado prevaleciente de las opciones de las acciones. La volatilidad implícita se calcula utilizando uno de los principales modelos de valoración de opciones, como el Modelo Black Scholes. Utilizando este o modelos similares, puede calcular la volatilidad cuando se haya establecido una relación matemática relacionada con el precio de una opción y la volatilidad del stock subyacente.

Básicamente; la volatilidad implícita, proporciona información sobre la visión de mercado de la seguridad subyacente de los contratos de opciones. Se puede determinar haciendo uso de lo siguiente:

o   Precio de mercado actual de la opción.

- o El valor de la seguridad subyacente.
- o Fechas de vencimiento
- o El precio de ejercicio
- o Cualquier tasa de interés aplicable
- o Cualquier dividendo aplicable aplicable.

En una situación ideal, esperaríamos que la cifra de volatilidad implícita sea la misma para todas las opciones que tengan la misma fecha de vencimiento. Esto es independientemente del precio de ejercicio que se utilizó en nuestros cálculos. En la práctica, sin embargo; esto no es exacto porque las cifras que obtenemos varían principalmente debido a los precios de huelga utilizados. Esta variación en la volatilidad se conoce como el sesgo de volatilidad.

El impacto de la volatilidad en las opciones comerciales

Ya hemos establecido lo que significa el término volatilidad en el comercio de opciones. Es simplemente una medida del tamaño y la tasa del cambio de precio del valor subyacente. Alta volatilidad implica alta opcion premium. Lo contrario también es cierto.

Si puede evaluar con precisión el valor de la volatilidad estadística para un valor subyacente, podrá utilizar este valor en un modelo de precios con el fin de calcular un

precio de mercado justo para la opción. Es crucial que;
como operador de opciones, tenga en cuenta el hecho de
que los cambios en la volatilidad pueden tener un gran
impacto en sus operaciones, ya sea de manera negativa o
positiva.

Volatilidad implícita vs. histórica.

Como comerciante; puede optar por aplicar la volatilidad
implícita o histórica para determinar si las opciones son
costosas en comparación con los niveles de precios
anteriores o son asequibles. Debería poder determinar si
las opciones que le interesan están subvaluadas o
sobrevaluadas. Esto se relaciona con los precios de
mercado en comparación con los precios teóricos y hace
uso de la volatilidad tanto implícita como histórica.

Modelo de Black-Scholes

Todos los operadores de opciones, ya sean nuevos o
experimentados, conocen el modelo Black-Scholes. Esta es
una herramienta de precios de opciones que fue
desarrollada en 1973 por Myron Scholes y Fisher
Black. Esta herramienta hace uso de una serie de variables
para obtener una opción de precio razonable.

Algunas de las variables utilizadas incluyen la volatilidad
histórica, el tiempo hasta el vencimiento y el precio de

ejercicio. Muchos operadores de opciones apenas se
molestan en evaluar el verdadero valor de mercado de un
contrato de opciones antes de tomar una posición en el
mercado. Esto es desconcertante en gran medida; porque
estos mismos comerciantes no se atreverían a comprar
una casa o un automóvil sin al menos descubrir el
verdadero valor o el valor de mercado de estos activos.

Si mantiene la volatilidad bajo control en todo momento;
pero especialmente cuando cree sus estrategias
comerciales y considere un precio justo, podrá valorar con
precisión las opciones. Las opciones usualmente toman en
consideración los eventos esperados. Por lo tanto, debe
determinar si las opciones son costosas o asequibles para
saber si comprarlas o venderlas. Por supuesto; siempre
debe apuntar al viejo adagio de comprar a precios bajos y
vender a un precio alto.

Opciones de estrategias griegas

Cuando analice la volatilidad; el resultado será crucial
para permitirle seleccionar las estrategias comerciales más
importantes. Debe saber que para cada estrategia de
comercio de opciones, hay un valor griego
correspondiente. Este valor se conoce como la posición
Vega.

Los niveles de volatilidad cambian regularmente. Esto tiene un impacto directo en el desempeño de la estrategia. Es probable que las estrategias conocidas como Vega positiva; se realicen en niveles máximos, cuando el valor de la volatilidad implícita aumenta. Estas son estrategias tales como extensiones de espalda, estrangulaciones largas, putas largas y zancadas largas.

Las estrategias conocidas como Vega Negativo; tienden a funcionar mejor cuando la volatilidad implícita cae. Estas estrategias son opciones de camisa, proporciones de proporción, straddles cortos y estrangulaciones cortas. Tener información sobre dónde están los niveles de volatilidad implícita y sus tendencias es crucial para llevar a cabo estas estrategias de manera eficiente.

Volatilidad histórica

Los modelos de valoración generalmente toman en consideración la volatilidad como un factor de salida o implícito y como un factor de entrada. La entrada aquí se refiere tanto a la volatilidad histórica como a la volatilidad estadística.

La volatilidad histórica también se conoce como volatilidad estadística. La volatilidad SV o estadística; mide el nivel de volatilidad de un contrato de futuros o de un valor subyacente. Esta volatilidad generalmente se considera como una volatilidad conocida o determinada; ya que se basa en cambios de precios reales en la seguridad subyacente.

La volatilidad histórica puede verse como la tasa cambiante del precio del valor subyacente. Es similar a un automóvil que viaja a 100 millas por hora. De manera similar, la seguridad subyacente o un contrato de futuros se mueve a velocidades que pueden ser rastreadas y la tasa de cambio de velocidad medida. Cuando se trata de acciones o contratos de opciones; esta tasa es por año y no por hora, como ocurre con los automóviles.

Realmente debe mantener la volatilidad en perspectiva al diseñar y considerar su estrategia de negociación de opciones. La forma en que funciona el mercado es que las opciones generalmente toman en consideración los eventos y las situaciones que probablemente ocurran. Como tal; si está pensando en estrategias de opciones variadas, es importante saber si las opciones serán costosas o no. Este conocimiento le informará si comprar o vender.

Ejemplo de cómo funciona la volatilidad histórica.

La volatilidad histórica generalmente mide la velocidad a la que un producto futuro, o precio de acciones se ha movido en el pasado. Esto le permite predecir con cierto grado de precisión el movimiento esperado en el futuro.

Por ejemplo, si tenemos un vehículo que viaja a 50 millas por hora, podemos determinar cuántas millas viajará durante todo el año.

Distancia = velocidad * tiempo

En nuestro caso, distancia = 50 mph * 24 horas / día * 365 días / año = 438,000 km

Si todo permanece constante, entonces podemos predecir con precisión la distancia que cubrirá el automóvil. Sin embargo; en la vida real, este no es el caso porque el automóvil podría hacer paradas, averiarse a veces, etc. Lo mismo es cierto para las acciones y opciones. Aunque nuestros cálculos dependen de factores conocidos. Si las variables siguen cambiando, el resultado podría ser totalmente diferente.

Cómo calcular la volatilidad histórica

La volatilidad histórica es en realidad una cifra cuantificable y se basa en gran medida en cambios previos a un contrato de futuros o de opciones sobre acciones. Para calcular esta cifra; debe considerar los precios pasados y todos los cambios de precios, luego promediarlos en un porcentaje.

Por ejemplo: Puede considerar la volatilidad histórica durante un período de 10 días. Si tiene el cambio de precio para un período de 10 días en términos porcentuales, debe restar las variaciones de precio porcentuales diarias para encontrar desviaciones del cambio promedio diario para el período.

Diferentes métodos de cálculo de la volatilidad histórica.

Hay una variedad de métodos que pueden usarse para calcular la volatilidad histórica. Uno de los más comunes; es el de los cambios cercanos al cierre en porcentaje para los valores diarios. Hay otro método conocido como los precios altos menos bajos. Otro enfoque sería tomar un promedio de precios bajos, altos y medianos. El propósito de todos estos modelos es obtener cierta información intradía que generalmente no se incluye en un sistema de cierre cercano.

También es recomendable dedicar unos momentos a calcular la volatilidad histórica; así como a las tendencias frente a los mercados de rango de negociación. Es muy probable que surja una tendencia estable y que pueda subir o bajar; pero no afectará el tamaño de los cambios porcentuales en los precios.

Si bien los cambios en el precio promedio diario pueden aumentar; la volatilidad histórica calculada puede en realidad disminuir. Además; es posible demostrar que las cifras históricas de volatilidad pueden aumentar si el precio promedio diario reduce su tamaño, independientemente de las tendencias del mercado.

Según la información anterior; observamos que existen diferentes métodos de cálculo para llegar a la volatilidad histórica o estadística. Uno de los métodos más populares utiliza 10 días de cambios porcentuales diarios en los precios. Esta información se usa para calcular también una desviación estándar. Comúnmente se usan 20 y 30 días, y un marco de tiempo específico para sus cálculos.

Volatilidad implícita o proyectada

La mayoría de las veces, los operadores de opciones prefieren relacionar el precio de ejercicio con el precio de las acciones subyacentes; así como el tiempo que tiene la opción para el vencimiento. Estos son básicamente los fundamentos necesarios para calcular el precio; aunque este camino a veces tiene precios negativos e inesperados.

Volatilidad implícita

Básicamente, la mayoría de los operadores no entienden la volatilidad; especialmente cuando se trata del movimiento de precios diario de un contrato de opción. Incluso, el concepto de volatilidad es bastante simple.

Como la opción se cotiza en el transcurso del día de negociación; no puede obtener información suficiente de las solicitudes y ofertas con respecto a la valoración de la opción, especialmente con respecto a los aspectos fundamentales. Cualquier precio justo de mercado para las opciones, generalmente está fuera de línea con el precio de mercado real de una opción dada. Esto es algo que se conoce como Operación de Fijación de Daños.

Las desviaciones de los fundamentos de las opciones; generalmente se deben a eventos proyectados o esperados. A veces; sin embargo, puede deberse a algunos otros elementos que no constituyen los modelos de precios.

Entonces, ¿por qué es crucial que hagamos uso de un modelo de precios cuando el precio de las opciones se desvía significativamente y con frecuencia del modelo? La razón es que a veces; estos modelos son extremadamente útiles y beneficiosos. Además, la volatilidad implícita tiene mucho que ver con los elementos no capturados en el modelo de precios.

Esta es la razón por la que la mayoría de los modelos de precios; utilizan los precios actuales del mercado y SV para calcular la volatilidad implícita. Por ejemplo: Cuando el valor de una opción debe ser de tres puntos cuando tiene un precio de prima; pero el valor es de cuatro, la prima agregada puede atribuirse fácilmente a la fijación implícita de precios de volatilidad. Los analistas suelen utilizar el precio de mercado de las opciones actuales para calcular y determinar los valores de volatilidad implícitos.

Un reto al computar la volatilidad implícita.

Consideremos un comerciante cuyo análisis sobre una acción en particular es alcista. El comerciante está interesado en comprar opciones de llamada de alta beta, en este stock de tecnología. Esto se debe a que los valores beta altos pueden crear movimientos grandes. Esto hace que el operador piense que el potencial de ganancias es mayor durante la compra de las opciones de compra.

Sin embargo, la ecuación debe tener en cuenta un elemento crucial. Las opciones sobre acciones con beta alta pueden experimentar cambios en los precios con casi cero movimientos de la seguridad subyacente, especialmente cuando hay un gran salto de noticias. Los precios tienen el potencial de moverse hacia arriba sin el movimiento del precio de las acciones; solo porque hay un movimiento de precio alto esperado.

Si las noticias importantes se rompen; las acciones podrían subir más y el precio aumentará. Sin embargo, los comerciantes pueden sentirse decepcionados en función de sus expectativas. Esto se debe a que existe un movimiento de precios inverso en la volatilidad implícita que es probable que tenga lugar.

¿Es importante utilizar un modelo de valoración de opciones; pero el precio de las opciones se desvía regularmente del precio del modelo? La respuesta es sí; porque estos modelos son realmente útiles. La razón principal se debe a la cantidad de volatilidad implícita que el mercado agrega al precio de la opción.

Ejemplo:

Si el precio de una opción debe ser de cuatro puntos en el precio de la prima; pero el precio de la opción del día es de cinco, entonces podemos atribuir la prima adicional a la volatilidad implícita. La mayoría de los modelos de opciones generalmente calculan la volatilidad implícita utilizando tanto la volatilidad estadística (histórica) como el precio de mercado prevaleciente. Por ejemplo: Cuando el precio de una determinada opción debería ser tres y estar en cuatro, entonces los puntos adicionales son fácilmente atribuibles a la volatilidad implícita. Con el fin de generar una volatilidad implícita, los comerciantes y analistas utilizan los precios de mercado actuales de las opciones que les interesan. El precio actual de las opciones en el mercado es; por lo general, la media de los precios de ejercicio de las opciones más cercanas de salida del dinero.

Poner compra y volatilidad.

Puede esperar sorpresas tanto positivas como negativas al comprar opciones de venta. También puede esperar una serie similar de eventos; como las opciones de compra con experiencia, especialmente si compra opciones de venta en una tendencia bajista de las acciones involucradas. Ahora; si compra opciones de venta cuando son baratas en comparación con los niveles de volatilidad implícitos, esta volatilidad en particular podría aumentar si el valor de las acciones comienza a disminuir.

El resultado suele ser una sorpresa muy agradable ya que el precio de la opción cambia; especialmente si se compró a un precio bajo, y luego el valor aumenta. El precio aumentaría mucho más de lo que estaba implícito por Delta.

Piense en situaciones donde las llamadas de opciones se compran a un precio barato en comparación con la volatilidad implícita. En general; sin una comprensión profunda de cómo la volatilidad implícita se relaciona con los valores y sin una evaluación de volatilidad implícita, es muy probable que un comerciante pierda dinero tarde o temprano. Si desea dejar de perder dinero; es recomendable comprender la volatilidad implícita, y cómo utilizarla en relación con sus operaciones.

Uso de griegos para disminuir los riesgos de las opciones

Necesita entender un poco de la terminología griega; para intercambiar opciones con éxito. Sin embargo; todo lo que necesita aprender es gamma, delta, vega y theta. Los griegos se utilizan generalmente para mitigar los riesgos. Expresan una serie de variables que influyen en los precios de las opciones. Estas variables son:

Cualquier cambio en el tiempo de expiración.

Niveles de volatilidad

Tasas de interés

Cambios de precio de la seguridad subyacente.

Delta

El símbolo griego Delta; se usa en opciones para medir el efecto de los cambios de precio en las acciones subyacentes en la prima de una opción. Por lo tanto; podemos definir delta como el cambio de precio de una opción para cada punto en que se mueva la seguridad subyacente. Los valores delta son negativos para las opciones de venta, y positivos para las opciones de llamada. Los valores varían de 0 a -100 para las opciones de venta y de 0 a 100 para las opciones de llamada.

Gama

Gamma es una medida de la tasa de cambio de los valores delta. Este es el cambio en el precio del valor subyacente. Por lo tanto; la tasa de cambio delta en el precio del activo subyacente se denomina gamma. Usando gamma; puede predecir sus ganancias o pérdidas dependiendo del movimiento de la seguridad subyacente.

Theta

Theta es otro símbolo griego; que se utiliza para mitigar el riesgo. Theta generalmente mide la tasa a la que disminuye la prima temporal. A medida que pasa el tiempo; el valor de tiempo de una opción disminuye. Esto es lo que mide theta. El efecto de theta anulará los resultados o efectos de delta.

Vega

Cuando ocurren cambios en la volatilidad implícita; estos son medidos por Vega. Vega informa a los comerciantes sobre el nivel en que el precio de una opción aumentará o disminuirá en función de la variación de la volatilidad. Por lo tanto; Vega proporciona una estimación del tamaño del cambio del valor teórico de una opción, siempre que la volatilidad cambie en un 1%.

Cómo calcular la volatilidad implícita

Es mucho más fácil considerar la volatilidad implícita en relación con los modelos de precios comunes; como el modelo de Black-Scholes. Básicamente; deberá tener al menos cinco entradas o variables. Estas variables son:

- Volatilidad histórica (o volatilidad estadística)
- Precio de ejercicio
- Precio de mercado
- Tasa de interés libre de riesgo
- Número de días hasta el vencimiento

Con estas entradas; recibirá un precio de opción teórica más preciso y confiable. Sin embargo; la mayoría de las veces, los mercados no establecen el precio de valor razonable para la misma opción. Los precios de las opciones normalmente se desviarán de estos valores teóricos. Está claro que el precio justo es el resultado de la entrada de cinco variables independientes.

En general; si el precio de mercado supera el precio teórico de una opción, significa que los participantes del mercado, como los comerciantes e inversionistas, han agregado una prima al precio. Muchos de estos conceptos se ven mejor con ejemplos de la vida real.

Las opciones de productos básicos generalmente representan una excelente volatilidad. Cuando los mercados muestran una alta volatilidad; entonces los operadores deben tener cuidado de comprar las opciones directamente. De hecho; sería mucho mejor vender que comprar en este momento. Cuando la volatilidad es baja; es recomendable que los compradores de opciones comiencen a comprar.

Un resumen

Volatilidad es un término que mide la velocidad a la que se han producido los cambios de precios. También indica las expectativas del efecto del mercado, en el precio en el futuro. Estos están representados por la volatilidad estadística y la volatilidad implícita, respectivamente. Estos dos tipos distintos de volatilidad deben incorporarse en la estrategia comercial para darle a usted; el comerciante, una ventaja decisiva.

La volatilidad implícita mide la estimación final del mercado de opciones; de cualquier volatilidad futura de una seguridad subyacente. Puede calcular esta cifra; utilizando el precio de mercado de una opción específica, y otras variables utilizando un modelo de precios; y luego, calcular las cifras para llegar a la cifra de volatilidad. Esto a veces se puede lograr generalmente mediante el cálculo inverso.

Si bien esto puede parecer que simplifica demasiado los cálculos; el aspecto más importante que se debe recordar es que la volatilidad implícita, refleja el nivel de déficit o exceso de una opción como una medida del precio teórico.

La mayoría de las plataformas de corretaje; tienen una volatilidad implícita para cada precio de ejercicio, y otra para todas las opciones enumeradas. Esto esencialmente le ahorra tener que trabajar las cifras. Sin embargo; antes de comenzar a operar, debe realizar un análisis para averiguar si la diferencia entre la volatilidad implícita actual se relaciona con los niveles anteriores. Como mínimo; intente y evite comprar opciones con una alta volatilidad implícita solo para vender a baja volatilidad.

Valuación

En este punto; nos hemos centrado en dos formas
principales de volatilidad. Estos son la volatilidad
implícita, IV, y la volatilidad estadística o
histórica. Podemos usar las cifras previas de volatilidad
implícita para averiguar qué tan caras son las primas de
opciones. Necesitamos aprender ahora; sobre la
evaluación de opciones para entender si han sido
subvaluados o sobrevaluados.

Un breve repaso

Cuando negociamos opciones en los mercados; los precios
pueden ser similares o diferentes a nuestros precios
teóricos. Esto significa que el precio de una opción; puede
ser completamente diferente del que ofrecen los modelos
de precios, como el modelo Black Scholes. Cuando los
precios de las opciones reales difieren mucho de los
precios teóricos, podemos decir que hay precios
incorrectos en los mercados.

Maquetación de opciones

Cuando los valores de las opciones reales son más altos
que los precios históricos de la volatilidad; entonces la
volatilidad implícita es compensar el error de
precios. Cualquier precio incorrecto estará por encima o

por debajo de los precios calculados. Cuando las opciones están sobrevaloradas, están por encima del precio teórico. Sin embargo; cuando están infravalorados, se producen por debajo del precio calculado o teórico.

Cuando cualquiera de los tipos de volatilidad es alta y la volatilidad implícita es mayor que la volatilidad histórica o estadística; entonces, es una excelente oportunidad para vender sus opciones. En esta situación, los valores teóricos de las opciones serán altos; debido a la alta volatilidad histórica. Además; los precios de las opciones altamente valoradas mostrarán una volatilidad mucho mayor, lo que implica que hay una prima sobrevaluada adicional agregada al precio.

Sin embargo; cuando ocurren las condiciones inversas, a menudo es el mejor momento para comprar. En este caso; las opciones son totalmente asequibles, con precios bajos y altamente infravaloradas. A veces, sin embargo; hay fortunas mixtas con volatilidad mixta, lo que significa que no es el momento adecuado para comprar o vender opciones.

Breve resumen

El concepto de opciones sobrevaloradas y subvaloradas se ha examinado detenidamente. La volatilidad juega un papel muy importante cuando se considera; cuándo vender y cuándo comprar contratos de opciones.

Las cifras de volatilidad implícita baja y alta; así como las condiciones de volatilidad histórica o estadística, indican claramente los contratos de opciones asequibles y costosos. También se han señalado las condiciones ideales para vender y comprar opciones. Cuando los valores de alta volatilidad implícita son mayores que los valores históricos; entonces es el momento ideal para vender sus opciones, mientras que la baja volatilidad implícita y la volatilidad implícita; que es menor que la volatilidad histórica, indican los momentos de compra de las opciones ideales.

Opciones de Estrategias de Trading y Volatilidad.

La mayoría de los operadores nuevos; tienden a pasar por alto la volatilidad cuando colocan sus operaciones o establecen una posición. Este es un error que los alcanzará tarde o temprano. Los operadores deben comprender la relación que existe entre las estrategias de opciones y la volatilidad. Hay un concepto conocido como Vega. Este concepto presta mucha atención a la relación entre las estrategias de opción y la volatilidad.

¿Qué es la vega?

El término Vega se refiere a una medida de riesgo. Vega mide la sensibilidad de una opción a los cambios de volatilidad. Las opciones son muy sensibles a la volatilidad; y su éxito como comerciante dependerá en parte, de su capacidad para tenerlo en cuenta en todas sus operaciones.

Vega es similar en algunos aspectos a Delta. Delta mide la sensibilidad de una opción a las variaciones; en el precio de las acciones subyacentes. Tanto Delta como Vega funcionan simultáneamente. Juntos funcionan en conjunto y esto; en la mayoría de los casos, funcionará a su favor. Por lo tanto; si realmente desea comprender su posición, debe hacer una evaluación adecuada de Vega y Delta.

Vega y variables griegas

Para conocer los riesgos a los que está expuesto, deberá utilizar las variables griegas y Vega. Estas variables incluyen Gamma, Rho, Theta y Delta; entre otras.

La posición de sus contratos de opciones puede ser una volatilidad corta o una volatilidad larga. A veces es posible tener una volatilidad plana. Las posiciones de volatilidad largas y cortas; se refieren a un patrón de relación similar, en la posición de un contrato de acciones. Cuando la volatilidad disminuye; disfrutará de beneficios inmediatos pero no realizados; mientras que una mayor volatilidad significa que corre el riesgo de sufrir pérdidas.

La volatilidad es crucial.

La volatilidad es un componente esencial de cada estrategia de negociación de opciones. La volatilidad estadística y la volatilidad implícita; pueden fluctuar de manera significativa y rápida. Esta fluctuación tendrá un gran impacto en el comercio de opciones.

La opción larga y las llamadas; tienen Vega positivo. Esto básicamente implica que son de larga volatilidad. Por cierto; las opciones de colocación y llamada de opciones cortas, poseen Vega negativa, lo que implica que son volatilidad corta.

Todo esto implica que la volatilidad es en realidad; un aspecto enorme del modelo de precios. Notamos que el precio aumenta a medida que aumenta la volatilidad; simplemente porque las posibilidades de que la acción se mueva; aún más son altas. Esto también implicará mayores posibilidades de que el comerciante tenga éxito en sus operaciones.

Por lo tanto, los precios de las opciones aumentarán en valor; para tener en cuenta la relación riesgo-recompensa. Es muy probable que un vendedor de opciones cobre más dinero por las opciones si cree que la volatilidad aumenta su riesgo. Además; cuando la volatilidad disminuye, se deduce que el precio de la opción debería seguir su ejemplo.

Si está intercambiando una opción de compra o venta; la volatilidad disminuye, el valor de la opción también disminuirá. Esto no es bueno que ocurra; si tiene una posición larga, e incurrirá en algunas pérdidas. Alternativamente; los operadores que tienen opciones de venta y venta corta, se beneficiarán de una volatilidad reducida.

La volatilidad; como hemos señalado, tiene un impacto instantáneo en las operaciones y afecta las ganancias de los precios, y la magnitud de la disminución; dependiendo del tamaño de Vega. Cualquier señal en Vega; implica cambiar el precio. Su magnitud es crucial porque determina el tamaño de la pérdida y las ganancias en el precio.

Esencialmente; el valor de la prima de contrato de opción, es lo que determina el tamaño de Vega en llamadas cortas y largas. Los valores de Vega, aumentan a medida que se aventuran en el tiempo.

Ejemplo:

Considere que un comerciante invierte en una opción de compra de LEAPS que se basa en una acción de fondo. El comerciante entonces experimenta un rebote de precios que es realmente deseable. En este caso; es probable que la volatilidad disminuya significativamente y que la prima de la opción también disminuya.

Cómo predecir grandes movimientos de precios

Ahora somos conscientes de que la volatilidad implícita; avanza de manera inversa al valor de las principales acciones y opciones de gran capitalización que se encuentran en los principales promedios del mercado. Sin embargo; este tipo de relación no se aplica exactamente a la mayoría de los productos y acciones. En la mayoría de los casos; los grandes niveles de volatilidad implícita, apuntan a un movimiento inminente de los precios. Esto podría ser una disminución o un aumento, y causará el colapso del precio a los niveles normales de volatilidad implícita. Tales patrones se repiten una y otra vez en numerosas áreas, especialmente en sectores como la biotecnología.

Explosión de precios y alta volatilidad implícita.

El precio y la volatilidad tienen una enorme correlación. Cuando la volatilidad implícita es alta; entonces es muy probable que el mercado sea bajista. Cuando los niveles de volatilidad implícita son bajos; el mercado tiende a ser alcista. Si bien estas tendencias son probables, no siempre es así.

Medias móviles y volatilidad diaria implícita.

También puede comparar los promedios móviles; relacionados con la volatilidad histórica con las cifras diarias de volatilidad implícita. Esta es una razón importante y un indicador de dónde hay una alta demanda especulativa de contratos de opciones.

Capítulo 6: Comenzando con el comercio de opciones

Ahora que entiende un poco más sobre las opciones; es hora de prepararse para comenzar a operar. Retomemos algunos de los conceptos básicos. Una opción es simplemente un contrato que le otorga el derecho de comprar un valor subyacente, pero no lo obliga a hacerlo.

Un solo contrato de opciones representa 100 acciones de una acción específica. El contrato establece una fecha de vencimiento; así como un precio acordado. Como comerciante; al igual que compra una acción porque cree que su precio aumentará, puede adoptar el mismo enfoque con las opciones. Las opciones te permitirán apostar en la dirección en la que crees que se moverán las acciones.

Sin embargo, recuerde que comprar una opción implica celebrar un contrato. Este contrato dicta una serie de cosas que puede hacer. Por ejemplo: Se le permite:

- Compre acciones de una acción a un precio acordado dentro de un período de tiempo predefinido
- Vender el contrato de opciones a otro inversor.

- Permitir que el contrato de opciones expire.

Cómo empezar a operar con opciones

Para comprar y vender opciones sobre acciones, necesitará los servicios de un corredor. Los corredores le brindan acceso a una plataforma donde encontrará todo tipo de valores financieros; incluidos los contratos de opciones. Necesita saber cómo identificar un corredor que sea adecuado para sus necesidades. También es recomendable que realmente pueda abrir una cuenta de operaciones con su agente.

Vetting

Antes de comenzar; deberá despejar un par de obstáculos. Las opciones de negociación se consideran complejas en comparación con las acciones y bonos comerciales. La cantidad de capital requerido para el comercio es considerable. Esta es la razón por la cual los corredores desean aprender un poco más sobre usted, su estado financiero, su perfil comercial y su experiencia.

El agente lo interrogará y lo someterá a un proceso de investigación antes de que finalmente le permita comenzar a operar. Los corredores le permitirán colocar operaciones en sus plataformas. Un corredor requerirá cierta información específica de usted. Por ejemplo: un corredor querrá saber acerca de:

- o Sus ambiciones de inversión y objetivos como el crecimiento, los ingresos y el capital.

- o Su experiencia comercial; como su conocimiento sobre inversiones, su experiencia con las acciones y opciones de negociación y el número y tamaño de sus operaciones.

- o Su información financiera personal; como su ingreso anual, su patrimonio neto, detalles de empleo y otras fuentes de información.

- o El tipo de estrategias de opciones en las que está interesado y las opciones que desea negociar.

Después de que proporcione sus respuestas y el agente pueda evaluarle, él o ella le otorgará un nivel comercial. El nivel de negociación inicial; que varía de 1 a 4, indicará el punto en el que comenzará.

Cribado bidireccional

Necesita saber que la detección debe ser de ambas maneras. Incluso a medida que un agente de bolsa lo evalúa, también tendrá que evaluarlos. Su agente será su socio más importante a partir de este momento, por lo que debe asegurarse de que juntos tendrán una relación positiva.

Un agente apropiado es aquel con las herramientas de investigación y negociación necesarias, quien proporcionará el servicio, la orientación y el soporte necesarios para el cliente. Esto es especialmente importante para los operadores primerizos que son nuevos en el comercio de opciones. También debe comparar y contrastar con otros operadores y ver quién le ofrece la mejor plataforma, herramientas y soporte. Esto es más fácil hoy en día porque la mayoría de ellos han sido calificados por los comerciantes.

Opciones de Trading

Una vez que haya identificado a un corredor preferido; pasará a las opciones de negociación. Deberá considerar todos los elementos centrales involucrados en un comercio de opciones. Para entrar en un comercio; tendrá que tomar algunas decisiones serias.

- o Primero, decida la dirección en la que cree que se dirigirá una acción en particular.

○ A continuación; deberá predecir qué tan bajo o alto se moverá el valor de una acción desde su posición actual.

○ Ahora, tome una determinación sobre cuánto tiempo cree que tomará la acción moverse según su predicción.

1. Determinando la dirección del stock

Cuando tenga una idea de qué dirección tomarán las acciones; esto determinará el tipo de opciones de contrato que debe tomar. Básicamente; si considera que el valor de una acción aumentará, debe elegir una opción de compra. La opción de compra le otorgará el derecho de comprar las acciones subyacentes a un precio predeterminado y un período de tiempo limitado.

Si cree que el precio de una acción disminuirá, entonces su mejor apuesta será una opción de venta. Este es un contrato de opciones que le otorga el derecho; pero no la obligación, de vender las acciones subyacentes antes del vencimiento de las acciones.

2. Al predecir el nivel de ascenso o descenso; el precio de las acciones se moverá

Una opción es rentable si el precio de las acciones subyacentes caduca en el dinero. Esto significa; que se cierra por encima del precio de ejercicio para las opciones de compra y por debajo de las opciones de venta. Para comprar un contrato de opciones; busque uno que tenga un precio de ejercicio que proyecte la dirección y el destino que desea.

Como ejemplo: Si considera que el precio de las acciones de la compañía ABC que actualmente está valorado en $ 120 aumentará a $ 150 en un futuro, entonces comprará una opción de compra que tiene un precio de ejercicio que es inferior a $ 120. El precio de ejercicio ideal debe ser inferior a $ 120 para que; combinado con la prima y otros costos, el precio total ascienda a $ 120. Ahora; si sus acciones suben y cierran por encima del precio de ejercicio, entonces su opción será en el dinero.

De manera similar; si considera que el precio de la acción de ABC que actualmente cotiza a $ 120, bajará a $ 100, entonces debería optar por un contrato de opción de venta. Esta opción le otorga el derecho de vender las acciones subyacentes aunque no esté obligado a hacerlo. Como tal; usted debe comprar una opción por encima de $

100. Entonces; si las acciones caen por debajo del precio de ejercicio, entonces su opción será en el dinero.

Resumen:

Una prima es un precio que se paga para comprar una opción. Ya sabemos que la prima tiene dos componentes. Estos son su valor temporal y su valor intrínseco. El valor intrínseco de una opción se refiere a la diferencia entre el precio de la acción y el precio de ejercicio. Lo que queda es el valor del tiempo.

Por ejemplo: Supongamos que usted está en posesión de una opción de compra de $ 120 mientras que las acciones están valuadas en $ 130. Si tenemos una prima de $ 15, entonces:

Valor intrínseco = precio de las acciones - precio de ejercicio = $ 130 - $ 120 = $ 10

En este caso; el valor intrínseco = $ 10 y el valor de tiempo = $ 5

. Determinación del plazo dentro del cual se espera que se mueva la acción

Cada contrato de opciones que compre viene con una fecha de vencimiento que muestra el último día para ejercer la opción. Estas fechas no son elegidas al azar. Los escritores de opciones sobre acciones los ofrecen; por lo que debe encontrar los disponibles que están disponibles cuando decide comprar opciones.

Las fechas de vencimiento varían en duración y varían desde un par de días hasta algunos años. Las opciones más riesgosas son las opciones semanales y diarias porque su valor de tiempo es limitado. Esta es la razón por la cual estos se dejan generalmente para los comerciantes experimentados Los inversores a largo plazo prefieren las opciones con fechas de vencimiento mensuales y anuales. Dichas fechas de vencimiento prolongadas permiten que las opciones se muevan hacia un punto deseable.

Encontrará que estas largas fechas de caducidad son importantes para su estrategia; ya que las opciones pueden retener el valor temporal incluso cuando el valor cae por debajo del precio de ejercicio. El valor del tiempo generalmente se deprecia cuando la opción se acerca a su fecha de vencimiento. Ningún inversor o comerciante desea controlar su inversión y perder valor. Tal opción caducará sin valor si no se realiza ninguna acción.

En el caso de que un comerciante se dirija en la dirección opuesta, puede intentar encontrar compradores y vender la opción; para recuperar cualquier valor de tiempo que aún quede. Esto solo es posible si la opción tiene un tiempo de expiración mucho más largo.

Opciones Básicas de Estrategias de Trading

Hay numerosas opciones de estrategias de comercio disponibles. Como principiante; debe seleccionar las estrategias más sencillas y básicas, ya que son fáciles de ingresar, ejecutar y salir. Sin embargo; todas las estrategias de negociación de opciones, se basan en las dos opciones fundamentales que son: Las llamadas y las opciones.

Algunas de las estrategias de comercio de opciones más simples; se conocen colectivamente como de una sola pierna. Por lo general, implican solo una opción y brindan a los nuevos comerciantes una gran oportunidad de comenzar con las opciones de negociación. Las siguientes son las estrategias básicas:

- El largo puesto
- El puesto corto
- La larga llamada
- La llamada cubierta
- El casado puso

1. Las estrategias de opciones de compra a largo plazo.

Una de las estrategias más básicas es la larga convocatoria. Usando esta estrategia, comprarás una opción de llamada. Esto también se conoce como ir por mucho tiempo, de ahí el nombre de llamada larga. Esta es una estrategia muy básica y directa en la que compra una opción simplemente porque cree que el precio de las acciones subyacentes irá más allá del precio de ejercicio.

Ejemplo:

Tome las acciones de la compañía ABC cuyas acciones cotizan a $ 100 por acción. Esta acción tiene una opción de compra con un precio de ejercicio de $ 100. El precio de la prima para esta acción es de $ 5 y el contrato de opciones tiene que expirar en seis meses. Ahora; el contrato de compra representa 100 acciones, por lo que pagará $ 5 * 100 = $ 500.

Esta llamada de opciones tiene numerosos beneficios. Si cronometra el comercio de manera apropiada; entonces sus ganancias pueden ser en teoría; infinitas, porque se proyecta que el precio de las acciones seguirá aumentando. Ahora, si las acciones van en la dirección equivocada; aún podrá rescatar su inversión y ganar un poco de dinero antes de que caduque. El único inconveniente de este comercio es que puede perder la prima si las cosas no salen bien.

Este enfoque es popular; especialmente entre los principiantes que tienen poca o ninguna experiencia y con los comerciantes que confían en sus técnicas y no están demasiado preocupados por perder sus fondos. Esta estrategia es adecuada para apostar en acciones en alza. Ganará mucho más con esta opción de compra que comprando las acciones directamente.

Esta estrategia aumenta exponencialmente sus posibilidades de rentabilidad; al tiempo que limita sus posibles pérdidas. Este es un enfoque mucho mejor en comparación con la compra de acciones. Comprar acciones; es una empresa costosa en comparación con el comercio de opciones.

2. Las estrategias de opciones de venta de largo plazo.

También tenemos otra estrategia simple; que se conoce como el puesto largo. Esta estrategia es muy similar a la llamada larga. La principal diferencia es que usted apuesta al valor decreciente de una acción en lugar de aumentarla. Como inversionista; comprará un contrato de opción de venta con la esperanza de que el precio de las acciones caiga por debajo del precio de ejercicio en los próximos meses.

Ejemplo:

La compañía ABC tiene una negociación de acciones a un precio de $ 100 por acción. También hay un contrato de opción de venta disponible a $ 100. El precio de la prima para esta opción es de $ 5 y el período de vencimiento es de 6 meses. Si va a invertir en esta opción de venta, pagará $ 5 * 100 = $ 500 por contrato.

La opción Put larga; es la más rentable cuando el precio de las acciones cae a $ 0 por acción. Como inversionista o comerciante; con un solo contrato de opciones, lo máximo que puede hacer es $ 50 * 100 = $ 5000. En caso de que las acciones aumenten, aún puede recuperar algunas de sus inversiones. La pérdida máxima en la que puede incurrir en opciones de negociación a través de esta estrategia es una pérdida total de su prima, que en este caso es de $ 500.

Uso de esta estrategia.

Los comerciantes e inversores aplican esta estrategia porque ofrece una excelente vía para beneficiarse de un stock en disminución. Cuando una acción disminuye; significativamente en valor, entonces se beneficia más al comprar una opción de venta. A veces los comerciantes hacen uso de esta estrategia para limitar sus posibles pérdidas.

3. Opciones de venta corta de estrategias de venta.

Esta estrategia es exactamente lo opuesto a la estrategia de larga duración. Como comerciante; invertir a través de esta estrategia significa que te quedarás corto. Básicamente, esta estrategia apuesta a que las acciones se mantengan estables o alcancen su vencimiento. Cuando el precio aumenta hasta la expiración del contrato; el vendedor podrá mantener la prima completa y el comerciante incurrirá en una pérdida.

Ejemplo:

Supongamos que las acciones de ABC actualmente se cotizan a $ 100 por acción con una opción de venta disponible a un precio de ejercicio de $ 100. El costo de una prima es de $ 5 por contrato, que vence dentro de seis meses. Digamos que nuestra prima se vende por $ 5 * 100 = $ 500. Esencialmente, el perfil de pago de un solo contrato de venta corta es todo lo contrario de la estrategia de venta larga.

Mientras que una llamada larga; tiene un potencial de ingresos significativamente alto, la camiseta tiene un potencial mucho más modesto; y los beneficios son generalmente modestos. Las llamadas largas pueden devolver excelentes ganancias; a menudo en múltiplos de su inversión inicial. El retorno total que puede esperar de este comercio; es un retorno de su pago de prima que fue de $ 500.

Si el precio de las acciones sube por encima del precio de ejercicio; o permanece en este nivel, el vendedor se quedará con la prima completa. Necesitará que el precio de las acciones caiga por debajo del precio de ejercicio al vencimiento si desea generar ganancias. La pérdida máxima en la que puede incurrir en este caso es cuando el precio de las acciones cae a cero en la fecha de vencimiento. Entonces perderás $ 50 * 100 = $ 5,000.

Razones para esta estrategia

Hay razones por las que los comerciantes utilizan esta estrategia. Las opciones de venta corta se utilizan esencialmente para generar un ingreso. Venden la prima a otros comerciantes que están apostando a que las acciones caigan por debajo del precio de ejercicio.

Es aconsejable; sin embargo, vender opciones de venta con moderación. Esto se debe a que una acción decreciente; agotará muy fácilmente las primas que obtuvo al vender opciones de venta. Los inversores también compran un contrato de opción de venta corta; para apostar a la apreciación de una acción, principalmente porque estas operaciones no requieren mucho capital. La ventaja de esta estrategia está limitada, pero tiene mucha más desventaja si el precio de las acciones disminuye.

Los inversores a veces usan esta estrategia cuando desean acceder a una acción cuyo precio es muy costoso.

4. La llamada cubierta

Otra gran estrategia comercial de opciones adecuada para principiantes es la llamada cubierta. Esta estrategia particular tiene dos componentes. Como inversionista; primero deberá comprar las acciones subyacentes y poseerlas. A continuación; venderá un contrato de opción de compra en la misma acción.

Un inversionista; por lo tanto, venderá cualquier apreciación de precio a cambio de la prima. El uso de esta estrategia se basa en la apuesta de que el precio de las acciones disminuirá ligeramente o se mantendrá estable hasta el vencimiento. El vendedor esperará entonces mantener la prima, así como las acciones.

Si el precio de las acciones se encuentra justo por debajo del precio de ejercicio al vencimiento del contrato; entonces el vendedor de la opción de compra se queda con las acciones y puede escribir otra opción de compra. Ahora; si el precio sube en lugar de caer, entonces el inversionista no tendrá otra opción que entregar las acciones al comerciante al precio de ejercicio.

Tenga en cuenta que por cada 100 acciones, un inversionista puede vender solo una llamada. Si esto no sucede, entonces un inversionista probablemente será corto y estará expuesto a pérdidas ilimitadas. Incluso entonces; las llamadas cubiertas, tienen la capacidad de convertir una llamada desnuda en una efectiva. Es por esto que esta estrategia es popular entre los comerciantes que buscan generar un ingreso.

Resultados potenciales

Si elige este comercio en particular; entonces puede esperar un par de resultados. El mejor alza que puede obtener es el costo de la prima; si las acciones permanecen por debajo o al precio de ejercicio. En caso de que las acciones suban y se muevan más allá del precio de ejercicio, entonces la opción se vuelve costosa y esto compensará la mayoría de las ganancias logradas, pero el alza está limitada.

Debido a que tiene un tope al alza; es probable que un vendedor se pierda la ganancia de acciones que se habría ganado; si no se configurara la opción de compra. El potencial inconveniente de esta estrategia es perder el valor total de las acciones menos la prima.

¿Por qué usar esta estrategia?

Esta estrategia es utilizada por los inversionistas cuando necesitan generar un ingreso y al mismo tiempo limitar sus riesgos. Pueden lograr esto incluso con la expectativa de que el precio de las acciones bajará ligeramente o se mantendrá estable hasta que el contrato expire.

Esta estrategia también es adecuada para su uso; cuando un comerciante desea recibir un precio más alto por una acción subyacente. Por ejemplo: Con las acciones de ABC a $ 100, un operador podría vender una opción de compra con un precio de ejercicio de $ 120 por $ 2 por contrato. Ahora, si las acciones suben, entonces el comerciante podría vender las acciones al precio de ejercicio y obtener la prima como ganancia. Si el precio no cambia; el comerciante aún se queda con el dinero y lo intenta de nuevo, con la misma u otra opción.

5. La opción de casado

El puesto de casados, al igual que el puesto cubierto es un poco más complejo en comparación con los contratos de opciones básicas. Esta estrategia combina la propiedad de las acciones subyacentes con una venta larga. Estos dos son "casados" de ahí el nombre de la estrategia. Ahora; debido a que posee las acciones, deberá comprar una opción de venta por cada 100 acciones.

Esta es una gran estrategia para un comerciante que posee acciones pero quiere mantener las acciones con la esperanza de que el precio se aprecie. Al mismo tiempo, el comerciante desea cubrir su posición en caso de que la acción se deprecie en valor. Esta estrategia es muy similar a contratar una póliza de seguro en la que el operador paga una prima para protegerse contra posibles pérdidas.

Ejemplo:

Tome las acciones de la compañía ABC cuyas acciones actualmente se negocian a $ 100 y una opción de venta a $ 100 por huelga está disponible y expira después de seis meses. La opción de venta costará $ 5 * 100 = $ 500 por contrato.

Resultados esperados

Si el precio de la acción aumenta; entonces el ingreso potencial es ilimitado, pero menos el costo de la prima. Si el precio de las acciones cae; entonces la opción actuará como garantía y la pérdida máxima que se puede experimentar es la pérdida de la prima.

Esta estrategia comercial se utiliza como una cobertura contra una posible caída de los precios. Es mientras se apuesta también por la subida del precio de la acción. Por lo tanto, puede usar la opción de casado para protegerse contra pérdidas mientras espera que el precio de las acciones suba.

Opciones de compra y venta de terminología

Los compradores y vendedores de opciones son participantes importantes en la ecuación de comercio de opciones. Al referirse a los participantes en el comercio de opciones, los términos tradicionales como comprador y vendedor no son muy apropiados.

Titular: Este es un inversionista o comerciante que ha comprado y posee un contrato de opción.Si compra un contrato de opciones sobre acciones; entonces se convierte en titular de opciones.

Escritor: Un escritor es un inversionista que posee acciones y crea opciones que él o ella le vende a los comerciantes. El escritor recibe una prima de un titular y se compromete a comprar o vender las acciones en caso de que el titular elija ejercer sus derechos.

La principal diferencia entre los escritores de opciones y los titulares; es en realidad, su exposición al riesgo, incluso cuando se encuentran en lados opuestos de la transacción.

Los tenedores compran contratos de opciones y con ellos el derecho de comprar o vender acciones. Sin embargo; realmente no están obligados a hacerlo. Los contratos les permiten la libertad de hacer lo que elijan. Si un titular de opciones termina con un dinero que no puede pagar; puede elegir caminar y dejar que caduque. La pérdida aquí será el costo de la prima pagada para adquirir el contrato.

Por otro lado; los escritores no tienen tal flexibilidad. Se espera el acuerdo con los términos y regulaciones para cumplir con los deseos de los titulares. Los escritores generalmente están obligados a cumplir con los pedidos y vender acciones al precio de ejercicio para los vendedores de opciones de compra, y comprar acciones para los vendedores de opciones de venta.

Las opciones a veces tienen un potencial de bajada ilimitado. Este riesgo es real y es por eso que es recomendable que; como comerciante, comience como titular y no como escritor. Solo después de adquirir experiencia adicional; corra el riesgo de intentar métodos de negociación más sofisticados. Dado que la desventaja es ilimitada; esta no es una estrategia recomendada para principiantes.

Fecha de vencimiento: Se refiere a la fecha en que finaliza un contrato de opciones. Más allá de esta fecha; el contrato queda nulo y sin efecto. Esta fecha va desde semanas, hasta meses, e incluso varios años.

Precio de ejercicio: Este es el precio al que venderá o comprará acciones subyacentes en caso de que decida ejercer sus derechos; en virtud del contrato de opciones.

Prima: Este es el precio que paga por acción; cuando compra un contrato de opción. La prima tiene tanto valor temporal como valor intrínseco.

Valor de tiempo: Se refiere al valor que tiene una opción en función del tiempo; antes de que expire el contrato de opción. El tiempo es crucial para los inversores y prefieren las opciones con un valor de tiempo mucho mayor. El tiempo también es valioso; porque puede contribuir al aumento del valor intrínseco de una opción. El valor del tiempo disminuye a medida que una opción se acerca a su fecha de vencimiento. Tal opción perderá su valor porque no es tan útil para un operador en este momento.

Tabla de Contrato de Opciones

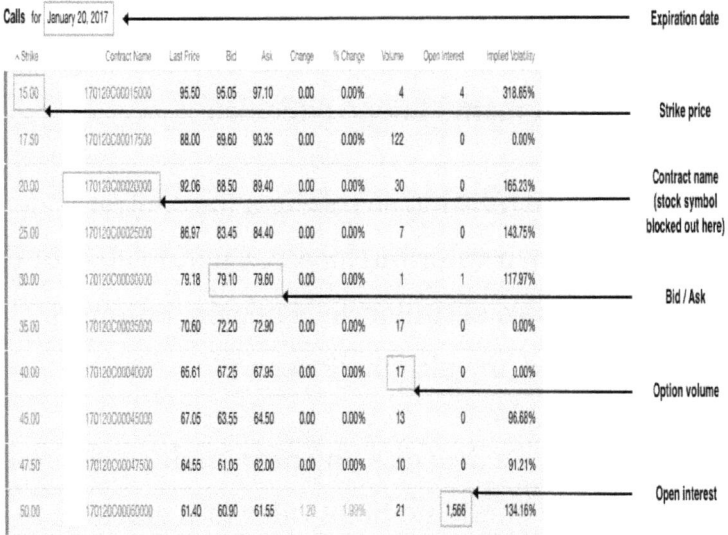

Nombre del contrato: Al igual que las acciones tienen símbolos ticker, hay símbolos para los contratos de opciones. En una tabla de opciones, el símbolo del ticker aparece antes del nombre del contrato.

Precio de oferta: Es el precio que un comerciante (comprador) está listo para pagar; para adquirir un contrato de opción. Si usted es el vendedor, esta cantidad es igual a la prima que recibe por las opciones.

Términos que describen el valor de una opción

El movimiento de precios de una opción se describe en términos financieros. Usar palabras como arriba o abajo; no es lo suficientemente bueno o técnico.

En el dinero: Este término se refiere a los contratos de opciones que tienen valor intrínseco. Cuando el valor de una opción favorece al titular de la opción, entonces decimos que tiene un valor intrínseco.

Fuera del dinero: Se dice que un contrato de opciones está fuera del dinero cuando no tiene valor monetario al momento del ejercicio. Se dice que una opción de venta está fuera del dinero si el precio de ejercicio es más bajo que el precio de las acciones. Las opciones de compra están fuera del dinero; cuando el precio de ejercicio es mayor que el precio de las acciones.

At-the-money: Se dice que una opción es at-the-money; siempre que el precio de ejercicio sea igual al precio de las acciones.

Cómo negociar opciones binarias

Hay un dicho que dice que no debes tratar de cronometrar los mercados. Sin embargo; esto es exactamente lo que hace el comercio de opciones binarias. La estrategia de inversión aquí a menudo se compara con el juego y hay buenas razones para ello. Básicamente, el comercio binario requiere que un operador apueste por el movimiento de un activo o del mercado en el corto plazo.

Definiendo opciones binarias.

El acto de operar con opciones binarias; requiere que usted prediga si una clase de activos dada subirá o bajará por debajo de un precio establecido; después de un cierto período de tiempo. La mayoría de los inversores y comerciantes ven esto como una forma de juego.

El comercio de opciones binarias proporciona una forma adecuada de invertir sus fondos para obtener un rendimiento decente. Básicamente, este es un tipo de inversión sí o no. Si cree que una acción u otro activo se elevará por encima de un precio determinado; entonces esencialmente está eligiendo Sí y compre la opción. Si por otro lado; cree que una determinada acción probablemente caiga por debajo de un precio determinado, entonces estará prediciendo que no. También venderás la opción binaria.

Barrera de entrada baja

Hay una entrada de barrera bastante baja en este comercio. Un contrato de opciones binarias ordinarias generalmente no cuesta más de $ 100. Cuando paga esta cantidad, no está invirtiendo en la inversión subyacente; ni en la opción de comprar las acciones subyacentes. Todo lo que está haciendo es simplemente apostar al movimiento del precio de una inversión.

Las opciones son muy básicas en su funcionamiento. Usted gana o pierde porque los contratos de opciones se cierran a $ 100 o $ 0. Básicamente no hay en el medio. Por lo tanto; si puede predecir con precisión el movimiento del precio, automáticamente ganará y ganará algo de dinero. El que hace la predicción equivocada; pierde. Nunca perderá más de $ 100 en un contrato, por lo que sus pérdidas son limitadas. Para aumentar sus posibilidades de obtener mayores ganancias, necesita comprar más contratos de opciones binarias. Sin embargo;también aumentará sus posibilidades de perder.

Activos que pueden ser negociados como opciones binarias.

Los activos que pueden negociarse como opciones binarias; dependerán en gran medida de su corredor preferido. Tenga cuidado de no caer en las estafas porque hay muchas por ahí. Si prefiere este tipo de Trading de Opciones; entonces debe elegir a su corredor con cuidado.

Asegúrese de que el corredor o la empresa esté regulado por las autoridades pertinentes de los Estados Unidos.

Encontrará que solo unos pocos corredores ofrecen opciones binarias. La mayoría de ellos no lo hacen porque son impopulares entre los comerciantes y complejos. Uno de los corredores; de comercio de opciones binarias más conocidos en los Estados Unidos es una empresa conocida como NADEX. Los siguientes son los valores que puede comerciar como opciones binarias:

- Forex pares de divisas
- Stocks individuales
- Productos básicos como gas natural, metales preciosos, maíz, petróleo crudo y soja.
- Índices bursátiles como el FTSE 100, NASDAQ y S&P 500

Como colocar un comercio de opciones binarias.

1. Decida primero qué mercado o seguridad desea negociar.

2. Identifique una fecha y hora de vencimiento adecuadas para sus opciones binarias preferidas. Una gran cantidad de plataformas comerciales le permiten identificar opciones que tienen sus fechas de vencimiento preferidas. Además; muchos de estos contratos expiran al

final de la semana, salvo aquellos vinculados a eventos económicos importantes.

3. Determine si desea comprar o vender las opciones según parámetros como las fechas de vencimiento y el precio de ejercicio. El parámetro más importante aquí es definitivamente; el precio de ejercicio. Según sus predicciones de movimientos de precios; debería poder determinar si comprar o vender una opción binaria.

Al igual que con muchas otras ofertas, siempre hay un precio de oferta y un precio de oferta. Ambos precios fluctúan enormemente. En general; optará por el precio de oferta cuando venda un contrato de opciones binarias y el precio de oferta cuando compre un contrato.

Como hacer predicciones binarias.

Uno de los principales desafíos del comercio de opciones binarias; es entender cómo predecir el movimiento de las acciones subyacentes. No es fácil; ya que muchos comerciantes estarían participando en este comercio y ganando cientos de dólares.

El ingrediente más crucial por lo tanto; es la investigación. Debe realizar una investigación suficiente sobre cualquier acción o producto que le interese. Si realmente desea ganar dinero, debe hacer una investigación suficiente, así como un análisis técnico y fundamental. De esta manera; estará en una mejor posición para ganar la mayoría de sus operaciones.

Encuentre una cuenta de opciones binarias gratuita y practique hasta que se convierta en un operador competente. Esto es crucial, especialmente si eres nuevo en el comercio binario o en el comercio de opciones en general.

Es recomendable atenerse a un mercado único que usted entienda. Por ejemplo: Si eres bueno con las acciones, entonces quédate con las acciones hasta que adquieras competencias relevantes en otros campos.

Usted debe hacer uso de herramientas de análisis técnico; como tablas de precios. Esto le abrirá los ojos a los movimientos de precios y lo ayudará a hacer predicciones precisas sobre la dirección futura de un producto.

Además; asegúrese de mantener un seguimiento de todas sus operaciones. Si ingresa a las operaciones; entonces debería asegurarse de realizar un seguimiento de sus operaciones y rendimiento. Encuentre un cuaderno agradable y anote las entradas sobre sus operaciones y cómo le fue. Si las cosas van mal; entonces podrás rastrear dónde las cosas salieron mal. Este tipo de información será invaluable en los próximos días.

En general; debe tener en cuenta que el comercio de opciones binarias es un asunto generalmente riesgoso. Si bien estos intercambios a menudo están marcados como de bajo riesgo, algunos consideran que esta es una apuesta importante. En resumen; no arriesgue dinero que no pueda permitirse perder.

Opciones de llamada Estrategia de venta

Si cree que el mercado no subirá y es bajista respecto a su dirección en el corto plazo; entonces debería vender opciones de compra para generar un ingreso. Las opciones de venta le ofrecen una gran estrategia con atractivos beneficios.

Llamadas cubiertas: Esto es cuando tiene activos y luego vende opciones de llamadas; basadas en los activos. En este caso; su riesgo es limitado. La situación es diferente si no posee el activo.

Llamadas desnudas: Cuando no tiene un activo y luego vende una opción de llamada, estará vendiendo una llamada desnuda. Cuando vendes llamadas desnudas; entonces tus riesgos son ilimitados. Es por eso que debes tener cuidado cada vez que vendas llamadas desnudas.

Cuando vende opciones de compra; en esencia, le está vendiendo a un operador la oportunidad de comprar un valor a un precio específico que cree que seguirá siendo inferior. El escritor (comprador) le pagará una prima por la opción. Ahora; si su seguridad tiene un precio por debajo del precio de ejercicio al vencimiento; el titular no ejercerá la opción. Obtendrá la prima; que será una buena fuente de ingresos.

Para que el proceso sea aún más lucrativo; debe escribir y vender llamadas de fuera del dinero. Esto se debe a que su seguridad podría seguir aumentando en precio y la opción nunca podrá ejercitarse. Como tal; puede seguir repitiendo el proceso una y otra vez mientras obtiene una ganancia estable y confiable.

Ahora; si un titular de opciones decide ejercer su derecho; entonces estará obligado a vender la garantía al precio acordado. Sin embargo; estará vendiendo la seguridad a una prima basada en el precio porque todavía puede mantener la prima. Ya había acordado vender la garantía al precio acordado o al precio de ejercicio; por lo que aún obtiene una ganancia. Además; el aspecto del valor de tiempo de su llamada premium funciona a su favor porque siempre está disminuyendo. Siempre puede calcular la tasa de decaimiento de la opción utilizando programas de análisis de opciones; como Option Aid. Dado que la decadencia del tiempo funciona para usted; entonces debe intentar vender las llamadas dentro de un período de un mes.

También debe considerar cubrir advertencias y riesgos relevantes para esta estrategia. Esto se debe a que si el valor del valor; se mueve en una tendencia al alza y supera el precio de ejercicio hasta el vencimiento, su titular probablemente ejercerá la opción. Como tal; estará obligado a vender la garantía al tenedor al precio de ejercicio ya acordado. El único desafío es si vendiste llamadas desnudas porque estarás expuesto. Su riesgo en este caso; es ilimitado.

Analiza tus expectativas.

Es aconsejable que analice las expectativas para el stock subyacente; antes de vender opciones de compra. De acuerdo con sus expectativas y análisis, podrá determinar cómo valorar sus opciones y el tipo de opción para escribir. Si espera que el activo mantenga un precio estable; entonces puede escribir una llamada con dinero, para recibir una gran prima. La prima será mayor si vende esta opción en particular; pero la probabilidad de que el titular ejerza el contrato de opciones es realmente alta.

Cuando analice los programas de opciones potenciales; debe tener un programa de software confiable que le permita elaborar parámetros útiles. Option Aid; es un programa que puede ayudarlo a determinar las probabilidades, el impacto de la volatilidad, las estadísticas y mucho más. Esta información es crucial para el comercio exitoso. Podrá recuperar fácilmente el dinero que gasta en el software.

Opciones avanzadas de estrategias de comercio

A estas alturas; ya sabe que no debe ingresar a las opciones de negociación sin una estrategia adecuada. Existen numerosas estrategias y la mayoría de ellas limitan su exposición a riesgos y pérdidas; al tiempo que maximizan la rentabilidad. Con solo un poco de esfuerzo, comprenderá cómo beneficiarse del poder y la flexibilidad de los contratos de opciones. Aquí hay un vistazo a algunas de las estrategias más complejas.

1. Estrategia de collar protector

Una estrategia conocida como collar protector; dicta que escriba una opción de compra fuera del dinero y que compre una opción de venta fuera del dinero. Ambas opciones tienen las mismas fechas de caducidad y se basan en la misma seguridad subyacente. Esta es una excelente estrategia utilizada por los inversionistas; principalmente después de que una posición larga que mantuvieron en una seguridad ha ganado un inmenso valor.

La estrategia de collar protector; brinda protección al juguete en caso de una recesión en sus fortunas comerciales; al tiempo que le permite vender la seguridad subyacente a un precio más alto, lo que significa un beneficio adicional. Este beneficio es incluso más alto de lo que obtendría al precio de mercado.

Un ejemplo simple:

Tomemos un inversor que posee 100 acciones de ABC; cada una con un valor de $ 50. El inversionista mantiene una posición larga en las acciones cuyo valor ha aumentado a $ 100. Si este inversionista adoptara la estrategia de collar protector, entonces él establecería un collar protector a través de la venta de una opción de compra ABC a $ 105 por los próximos tres meses. Luego compraría una opción de venta ABC válida para los próximos tres meses.

La compensación aquí; es el alto potencial de estar obligado a vender las acciones a $ 105. Una mirada de cerca a esta estrategia, muestra que el collar protector es una combinación de una estrategia de larga duración y de cobertura. Básicamente; usted está protegido en caso de que caiga el precio de la acción, pero luego se verá obligado a vender sus acciones en el corto plazo.

2. La estrategia a largo camino

Esta es otra estrategia de negociación de opciones que implica mantener una opción de venta y una de compra en función del mismo activo subyacente. En esta estrategia, comprará una opción de compra; y una opción de compra basadas en el mismo precio de ejercicio; el mismo valor subyacente y la misma fecha de vencimiento.

Esta estrategia es especialmente útil para los comerciantes cuando opinan que es probable que un stock específico se mueva y se salga del rango significativamente, pero la dirección no se puede determinar en este momento. Como comerciante o inversor; obtendrá una oportunidad a través de esta estrategia, de beneficiarse de ganancias teóricamente ilimitadas; aunque sus pérdidas se limitarán al costo total combinado de las opciones.

3. La estrategia de estrangulamiento largo.

También puedes usar una estrategia conocida como el estrangulamiento largo. En esta estrategia, pondrá su dinero en una opción de compra fuera del dinero; así como en una opción de venta fuera del dinero. Esto sucede simultáneamente con las mismas fechas de vencimiento y las mismas acciones subyacentes.

Como comerciante; utilizará esta estrategia si cree que el valor de la seguridad subyacente sufrirá un gran movimiento, aunque la dirección es desconocida. Un movimiento tan grande podría ser instigado por eventos importantes, como un evento del gobierno para acciones de atención médica o liberación de ganancias para una empresa.

Esta estrategia; limita sus pérdidas para que solo sufra el costo de las primas para ambas opciones. Las opciones de Strangle son siempre mucho más baratas en comparación con las de Strangle; simplemente porque las opciones se compran cuando están fuera del dinero. Puede esperar obtener grandes ganancias con esta estrategia cuando el activo subyacente realice un gran movimiento en cualquier dirección.

4. Propagación de la mariposa

Todas las estrategias anteriores han combinado dos contratos o posiciones. Sin embargo; la estrategia de la mariposa larga es un poco más compleja. En esta estrategia; utilizará las opciones de compra y combinará tanto una estrategia de propagación bajista, como de propagación alcista. Harás uso de tres precios de ejercicio diferentes. Sin embargo; todas estas opciones de llamadas; tendrán días de vencimiento similares y se refieren a la misma seguridad subyacente.

Como ejemplo; puede tener una extensión de mariposa larga diseñada; vendiendo dos opciones de compra con dinero. Comprando una opción de compra con dinero; que tiene un precio de huelga más bajo, y finalmente comprando una llamada fuera de dinero. Para que una mariposa se equilibre; debe tener anchos de alas similares. El ejemplo anterior también se conoce como llamada de servicio y le otorgará un débito. Si usted es un inversor o comerciante que utiliza esta estrategia; ingresará a la posición de propagación de la llamada mariposa larga; si considera que el movimiento de existencias será mínimo al vencimiento.

5. El condor de hierro

Sin embargo; otra estrategia interesante que puede utilizar, es la que se conoce como el cóndor de hierro. Si va a implementar esta estrategia; tendrá una propagación de llamada bajista y una propagación de lanzamiento de toros simultáneamente. Para construir el cóndor de hierro; tendrá que comprar una opción de compra fuera del dinero, que tenga una huelga más baja, vender una opción de venta fuera del dinero, y luego comprar una llamada de fuera del dinero, a un precio de ejercicio más alto y vender una opción de compra fuera del dinero.

Todos los contratos de opciones tienen valores subyacentes similares y las mismas fechas de vencimiento. Además; todos los lados de llamada y colocación, tienen anchos de propagación similares. Aplicar esta estrategia significa que usted ganará una prima neta. Esto se debe a que la estrategia está diseñada para beneficiarse realmente de una acción que tiene una volatilidad muy baja. Esta estrategia es popular entre los comerciantes porque tiene una alta posibilidad de ganar algo de prima.

6. La estrategia de la mariposa de hierro.

Finalmente; tenemos otra estrategia más. Este particular es conocido como la mariposa de hierro. Si adopta esta estrategia; entonces comprará una opción de venta fuera del dinero, y venderá una opción de venta al precio del dinero. Simultáneamente; comprará una opción de compra fuera del dinero y venderá una opción de compra al alcance del dinero.

Todas las opciones tienen las mismas fechas de vencimiento y se refieren al mismo activo subyacente. Esta estrategia es similar a la estrategia de propagación de mariposas en algunos aspectos; pero es diferente porque hace uso de ambas opciones. La propagación de la mariposa utiliza uno u otro.

La estrategia de la mariposa de hierro en realidad combina, la compra de "alas" protectoras y la opción de venta a horcajadas con el dinero. Esto también puede verse como dos diferenciales combinados. La desventaja ilimitada está protegida por la larga llamada fuera del dinero. Además; sus ganancias y pérdidas se limitarán a un rango específico. Sin embargo, esto dependerá de factores tales como las opciones utilizadas y el precio de ejercicio.

Como inversionista; usará esta estrategia para una pequeña ganancia con valores no volátiles y para la ganancia que aporta. El beneficio máximo que puede obtener es igual al monto de la prima recibida. Se incurrirá en pérdidas máximas cuando el precio de las acciones descienda por debajo de la huelga de larga duración, o ascienda más allá de la huelga de llamada larga.

Opciones de compra y venta

Acerca de las opciones de venta

Cuando está comprando una opción de venta; en realidad está apostando contra una acción o el mercado. En esencia; usted compra opciones de venta con la esperanza de que el precio de la seguridad subyacente caiga. Para ganar dinero con opciones de venta; el precio de las acciones del activo subyacente tiene que caer. Alternativamente; puede ejercer la opción y comprar las acciones subyacentes a un precio que está por debajo de la huelga y luego vender las acciones en el mercado de apertura y embolsarse la ganancia.

Ejemplo:

Si desea intercambiar opciones de venta; entonces comprará la opción de venta XYZ del 50 de enero, lo que significa que esta es una opción de venta que vence en enero y tiene un precio de ejercicio de $ 50. Ahora; como se esperaba, el precio cae de $ 50 a $ 40 por acción antes del vencimiento.

Para ganar dinero con esta opción; puede comprar las acciones subyacentes a $ 40 en la bolsa de valores y luego ejercer la opción vendiendo las acciones al escritor a $ 50 por acción. Esto es esencialmente; ejercer el derecho otorgado a usted por la opción. También puede optar por vender una opción de venta que aumenta su precio para obtener una ganancia.

Cómo comprar opciones de venta

Primero deberá tener una cuenta de operaciones a través de un corredor. Debe asegurarse de que la plataforma que utiliza es fácil de navegar y comprender. Asegúrese de que su agente le brinde todo el apoyo y la asistencia que necesita.

Una vez que su cuenta esté lista, el acuerdo con su agente en vigencia y usted se sientan listos para comenzar a operar; primero deberá realizar un análisis del movimiento de las acciones. Las acciones tienen ciertos patrones que siguen; que son muy útiles para su análisis.

También es necesario analizar las tendencias en diferentes industrias. Averigüe los sectores que probablemente aumentarán y cuáles probablemente fallarán debido a diferentes factores económicos. El análisis técnico y fundamental de cualquier acción que le interese es esencial. El análisis probablemente confirmará el movimiento esperado de una acción.

En esta etapa, habrá reducido a un par de acciones que espera moverse de cierta manera en las próximas semanas o meses. El siguiente paso es elegir un precio de ejercicio adecuado. Este es el precio al que comprarás la opción.

Básicamente; deseará establecer un precio de ejercicio que sea más bajo que el precio de mercado actual para la misma acción. Esta es la estrategia para ganar dinero con opciones de venta. Por ejemplo: Si el stock ABC se cotiza a $ 100 y usted cree que caerá por debajo de $ 80 en las próximas semanas, entonces es posible que desee comprar una opción de venta a un precio de ejercicio de $ 85. De esta manera; podría vender las acciones si el precio bajara por debajo del precio de $ 85. Debe tener en cuenta que los precios de ejercicio están estandarizados según el precio de las acciones.

Disponemos de cadenas de opciones que indican fechas de caducidad. Esté atento a estos y elija las cadenas de opciones con las fechas que desee. Si elige fechas lejanas, tendrá más tiempo para esperar los movimientos de precios. A veces, el nivel de su cuenta lo limitará a periodos de tiempo más largos, especialmente si es un nuevo operador.

Una vez que elija su fecha de vencimiento preferida, deberá seleccionar la cantidad de contratos de opción que desea comprar. Recuerde que un contrato de opción representa 100 acciones de una acción. Cada contrato requiere que usted pague una prima particular. Ahora; pague sus primas y cualquier otro cargo adicional, y ahora será el propietario del contrato. Si tiene alguna pregunta o inquietud; siempre contacte a su agente y solicite asistencia.

Ejercicio de opciones de compra y venta.

Cuando retiene las opciones de compra y venta; mantiene el derecho de comprar o vender las acciones subyacentes, respectivamente. Si se dice que un contrato de opción que tiene es en el dinero; entonces puede decidir comprar o vender las acciones subyacentes.

Cuando decida comprar las acciones subyacentes con una opción de compra o vender un valor subyacente con opciones de venta, estará ejerciendo su opción.

Sin embargo; no siempre es una buena idea ejercer opciones simplemente porque están en el dinero. A veces tiene más sentido vender la opción nuevamente a las tasas de mercado vigentes. La razón es que la ganancia que obtendrá al vender la opción es probablemente más alta que el producto de su ejercicio. Pero si la opción está a punto de caducar y está dentro del dinero, entonces tiene sentido ejercerla.

Ejercicio de opciones de llamada.

Como operador de opciones o titular de la llamada, si el precio de las acciones es mayor que el precio de ejercicio; entonces debe ejercer la opción. Esto significa que usted comprará las acciones subyacentes a un precio más bajo y luego las venderá a un precio mucho más alto en el mercado.

Ejercicio de opciones de venta.

Cuando tenga opciones de venta; esperará que el precio de las acciones disminuya para que pueda obtener ganancias. Si el precio de las acciones es inferior al precio de ejercicio; es una buena idea ejercer la opción. Lo que simplemente necesita es vender las acciones a un precio más alto y simplemente comprarlas nuevamente a las tasas del mercado y embolsarse la diferencia.

Escribir opciones de llamada

Cuando compra un contrato de opción, significa que hay un vendedor en alguna parte. Para tener el derecho de comprar un valor subyacente a un precio de ejercicio acordado, entonces debe haber un socio en el otro lado de la transacción. Esta persona es la opción vendedor o escritor.

Escribir una opción de llamada; significa crear un contrato de opciones basado en una seguridad subyacente. Este contrato tiene un precio fijo y fecha de vencimiento. Por ejemplo: Un contrato de opciones podría ser como "Opción de llamada de IBM $ 100 de junio". Esta es una opción de compra con un precio de ejercicio de $ 100 y una fecha de vencimiento a fines de junio.

Ejemplo de cómo escribir una opción de llamada:

Es el comienzo del año y el Sr. John Citizen, que posee 100 acciones de IBM; cree que el precio de sus acciones se mantendrá igual o caerá en los próximos meses. Compró las acciones hace cinco años a $ 50. Las mismas acciones de hoy valen $ 100.

Para protegerse de cualquier pérdida; decide protegerse escribiendo una opción de compra. Así que escribe una opción de compra para vender 1 IBM enero $ 105. En poco tiempo, recibe una expresión de interés de un comprador o titular interesado. El comprador pagará $ 5 por acción por 100 acciones y $ 10 adicionales. El monto total que paga por el contrato es de $ 510. Los $ 500 van al Sr. John Citizen; mientras que los $ 10 van al creador del mercado.

Si posee el stock y luego escribe una opción; se conoce como una llamada cubierta. Una llamada cubierta se

considera una estrategia de negociación de opción
segura. Sin embargo; si no posee el stock, escribirá una
llamada desnuda. Esto se considera una estrategia muy
arriesgada y no debes intentarlo en absoluto.

Capítulo 7: Consejos, consejos, errores y psicología comercial.

Trading de Opciones consejos

1. Los precios de las opciones pueden generar dinero de una; de tres maneras.

Es importante que entienda que el precio de una acción puede moverse en una de tres direcciones. El precio puede subir, bajar o permanecer igual. Muchos comerciantes creen que el precio de las acciones solo puede subir o bajar. Sin embargo, esto es completamente incorrecto.

Las acciones pueden permanecer estáticas sin moverse en ninguna dirección. Como comerciante; siempre debe tener en cuenta esto como un posible resultado. A veces los precios de las acciones no se mueven mucho. O bien permanecen dentro de un rango de negociación estrecho o simplemente no se mueven en absoluto.

A veces podemos pensar que cuando compramos una opción de compra, tenemos un 50% de probabilidad de ganar dinero porque creemos que las acciones subyacentes tienen un 50% de probabilidad de ganar valor. La verdad es que solo hay un 33% de posibilidades de ganar dinero. Esto se debe a que si los movimientos de los precios de las acciones son realmente aleatorios, 1/3 de las veces podrían subir, 1/3 de las veces; los precios podrían bajar y 1/3 de las veces; los precios de las acciones podrían permanecer sin cambios.

Por ejemplo: Si compra una opción de compra fuera del dinero, está apostando a que el precio de las acciones aumentará para obtener una ganancia. Sin embargo; el precio de las acciones podría permanecer estático o bajar. Cuando ocurra cualquiera de estos dos eventos; sus opciones definitivamente caducarán sin valor y perderá su dinero.

Supongamos que el precio sigue siendo el mismo. Luego; si compró una opción de compra en el dinero, puede esperar recibir al menos el valor intrínseco. Este efectivo también se conoce como la cantidad en el dinero.

Uno de los aspectos más frustrantes del comercio de opciones es que una semana después del vencimiento de las opciones; el precio de las acciones aumenta astronómicamente. Esto es una indicación clara a veces; de que no le dio suficiente tiempo a su estrategia. En lugar de comprar opciones de un mes; elija opciones de período más largo como el año. Esta es una de las razones por las que las opciones a largo plazo son mucho más costosas que otras.

2. Siempre estudie los gráficos de las acciones subyacentes antes de comprar.

Nunca debe comprar una opción de compra o venta sin estudiar el gráfico de las acciones subyacentes. Estudiar los gráficos y realizar un análisis técnico le dará una perspectiva más clara y confiable sobre el movimiento futuro de la acción. Realmente deberías estudiar atentamente los gráficos de 1 mes, 3 meses y 1 año. Estarás buscando resistencia, apoyo, tendencias y canales.

Necesitas estar atento a tus observaciones después de mirar los gráficos. ¿Cómo se comporta la acción? ¿Hay descensos bruscos o descensos lentos y largos? ¿Hay algún patrón que sea consistente con su estrategia inicial? Entonces debes estar atento a la tendencia.

Para encontrar la tendencia; lo que debe hacer es identificar primero la dirección general hacia la que se dirige el precio de las acciones. Una vez que identifique la dirección; dibuje líneas en la parte inferior y superior para mostrar el canal en el que se está negociando la acción.

Utilice esta información para hacer predicciones sobre posibles movimientos de precios. Si cree que el precio seguirá subiendo; entonces debería pensar en comprar una opción de compra. Además; si hay un informe de ganancias esperadas u otros eventos cruciales de la compañía como el lanzamiento de un producto o una reunión de accionistas; entonces es recomendable una opción de compra.

Básicamente; si el gráfico de cotizaciones muestra un soporte sólido a precios más bajos, entonces es posible que desee comprar una opción de compra. Sin embargo; si hay niveles de resistencia a un precio más alto y el precio de las acciones comienza a acercarse a estos niveles, entonces debería considerar comprar opciones de venta.

3. Encuentre las mejores opciones usando la cadena de opciones.

El siguiente paso que debe seguir es mirar la cadena de opciones. Esta es la página donde se enumeran las opciones. Cuando examine una cadena de opciones; observará listas de todas las opciones de venta y llamada disponibles en un stock en particular. La cadena también mostrará los precios de ejercicio y las fechas de vencimiento de todas las opciones.

Lo primero que observa después de observar las opciones disponibles son las fechas de vencimiento. El siguiente es el precio de ejercicio. Otro parámetro útil que debe tener en cuenta es el volumen. Evite cualquier opción que tenga poco o ningún volumen. Por último; deberá observar la diferencia entre los precios de compra y venta.

4. Calcula el punto de equilibrio.

Siempre asegúrese de averiguar el punto de equilibrio de su operación antes de comprarlo. Este debería ser su próximo paso después de identificar su opción preferida de compra o llamada. Realmente deberías aprender a calcular el punto de equilibrio. El proceso no es difícil en absoluto.

Primero; averigüe la diferencia entre los precios de compra y venta. Esto se conoce como la propagación de la oferta. Ahora; si este margen es de $ 0.20 y la comisión es de $ 10, entonces para compensar, el precio de la oferta tendrá que aumentar en $ 0.30. Básicamente; pagará $ 10 para comprar la opción, $ 10 para venderla y al menos $ 10 para superar el margen. Esto significa que comienzas en - $ 30 incluso antes de comerciar. Por lo tanto; necesita un retorno mínimo de $ 30 para poder obtener un equilibrio.

5. La moda es tu amiga.

Debe tener en cuenta que la tendencia de la seguridad subyacente siempre funciona a su favor. Una vez que identifique la tendencia en función del análisis de su gráfico, deberá identificar la tendencia y seguirla. Si sigues la tendencia, es muy probable que tengas éxito.

Por otro lado, ir en contra de la tendencia es peligroso y una empresa arriesgada. Es muy recomendable ir con la tendencia y nunca en contra. La resistencia es inútil; mientras que el impulso es en realidad tu amigo.

6. Manténgase atento a la liberación de ganancias.

Es absolutamente crucial cuando negocies acciones y opciones que deberías estar atento a las fechas de publicación de ganancias y anuncios. Estos anuncios tienen un gran impacto en los mercados, los precios de las acciones y en las opciones.

Por lo general; hay una anticipación de los informes de ganancias porque las ganancias fuertes o débiles podrían hacer que el valor de las acciones subyacentes se mueva significativamente en cualquier dirección.

Lo que sucede es que los precios de las opciones disminuirán poco después de un anuncio de publicación de ganancias. Una vez que el informe de ganancias finalice y el mercado reciba la información; los precios de las acciones básicamente se reanudarán a niveles normales. La volatilidad eventualmente disminuirá.

7. Montar en un ganador si obtienes uno.

Los expertos del mercado de valores a menudo aconsejan a los comerciantes a "montar a sus ganadores". Esto simplemente significa que si obtienes un comercio rentable; deberías mantenerlo todo el tiempo que puedas. Es aconsejable dejar que el precio de las acciones continúe con su movimiento mientras sea rentable.

Los operadores inexpertos pueden querer cobrar y luego volver a entrar. Sin embargo; los comerciantes experimentados se quedarán con un comercio y lo llevarán hasta el final. El impulso es probable que lo lleve más lejos.

8. Aprende a reducir tus pérdidas.

Los comerciantes novatos a menudo se adhieren a un comercio; incluso cuando está perdiendo dinero. A menudo creen que pueden recuperar las pérdidas. Sin embargo; a veces debe admitir que su estrategia no funcionó, reducir sus pérdidas y salir de una operación.

Errores comunes a evitar

Hay ciertos errores que son comunes con los comerciantes novatos. Aquí hay algunos de estos errores y cómo evitarlos.

1. Compra de opciones de compra fuera del dinero

Una de las formas más difíciles de ganar dinero es intercambiar opciones de compra fuera del dinero.

2. Aplicando una estrategia multiuso en diferentes condiciones de mercado.

Puede ser tentador aplicar una estrategia de uso múltiple porque ha demostrado tener éxito en el pasado. Sin embargo; necesita elaborar estrategias de Trading de Opciones dependiendo del mercado. Una de las mejores estrategias que debe comprender es la propagación a largo plazo.

3. No tener plan de salida antes del vencimiento.

Es necesario tener un plan de salida definido en todo momento. Esto es cierto incluso cuando se monta en un ganador. Un plan de salida definido; lo ayudará a salir en el momento adecuado según su análisis. Es crucial como comerciante evitar la tentación de aferrarse a un comercio demasiado tiempo.

4. Compensando las pérdidas anteriores con estrategias arriesgadas.

A veces los comerciantes, especialmente los novatos, piensan que pueden recuperar pérdidas pasadas. Idealmente, cuando un comercio no funciona a su favor; es probable que ignore los riesgos y tome decisiones irracionales. Nunca debes sucumbir a estas tentaciones. En su lugar; cuente sus pérdidas y concéntrese en mejorar su próxima operación.

5. Comercio de opciones sin liquidez

Evite comerciar con opciones sin liquidez ya que estas suelen ser de bajo precio. Además; evite opciones sobre acciones con bajos volúmenes. La liquidez es absolutamente importante y las acciones de alto volumen son muy líquidas.

Opciones cruciales de la psicología del comercio

El comercio de opciones gira principalmente alrededor de tres factores principales, estos son: La gestión del dinero, las estrategias comerciales y la psicología. Debe tener en cuenta que los mercados pueden ser un lugar muy emocional; por lo que es crucial que permanezca enfocado y disciplinado. Si no te mantienes disciplinado; perderás y es muy probable que otros se aprovechen de ti.

Lo que realmente necesita hacer para comerciar con éxito es tener una estrategia sólida, seguir la estrategia y atenerse a ella. Si la estrategia no sigue el plan previsto; simplemente abandone y cree otra estrategia.

Si tiene una mentalidad fuerte; podrá comprender cuándo perseguir una operación perdedora y cuándo renunciar. Si te falta disciplina; entonces una de las dos emociones se hará cargo. Estos son la codicia y el miedo.

A veces los comerciantes comercian por capricho y siguen publicando operaciones al azar. En lugar de adoptar este enfoque; realmente debería centrarse en una estrategia exitosa que seguirá hasta que necesite salir. También debe tener buenas habilidades comerciales y planes de manejo de dinero adecuados .Con estos en su lugar; podrá concentrarse mejor y en términos de probabilidades y raciones de riesgo-recompensa. De esta manera, no dejará espacio para el comercio emocional.

Consejos adicionales de psicología comercial

Hay otras cosas que también debes tener en cuenta. Por ejemplo: Necesita desarrollar y atenerse a los buenos hábitos comerciales. Como comerciante; debe tener en cuenta que un ganador es uno que es persistente y consistente. Debe desarrollar el hábito de estudiar detenidamente los mercados, realizar su análisis y determinar el tamaño de la posición; especialmente en un mercado volátil. Como tal; debe cuidar sus riesgos a la baja y asegurarse de que posiciona el tamaño adecuadamente. También deberías imaginar el juego final. Cree una visión de hacia dónde quiere que se dirija el comercio y luego prepárese para hacer los ajustes necesarios.

También es necesario aceptar cualquier posible fallo. A veces, sus estrategias no funcionarán y perderá algunas operaciones. Esto le sucede a todos los comerciantes; incluso a los experimentados. Si asume que debe tener éxito en cada intento, entonces se preparará para el fracaso.

Conclusión

Gracias por terminar hasta el final de este libro. Esperemos que haya sido informativo y que pueda proporcionarle todas las herramientas que necesita para lograr sus objetivos; sean cuales sean.

El siguiente paso es aplicar todos estos consejos a sus operaciones y comenzar a obtener ganancias. Sin embargo; antes de comerciar con su propio dinero, intente aplicar sus habilidades comerciales en papel, o puede usar un software de demostración.

Las cosas son siempre muy diferentes cuando se trata de aplicarlo. Por lo tanto; antes de comenzar a ganar dinero, debe practicar mucho sus estrategias. Intente hacer algunos ajustes aquí y allá hasta que descubra qué es lo que mejor funciona para usted.

También debe tener en cuenta que algunas operaciones fracasarán. Incluso los comerciantes más experimentados pierden en algunos oficios. Acepte cualquier falla, recójase y comience de nuevo. No persiga un comercio perdedor porque perderá más dinero.

Finalmente; si encuentra útil este libro de alguna manera, ¡siempre se agradece una revisión en Amazon!

Milton Keynes UK
Ingram Content Group UK Ltd.
UKHW020714181124
2908UKWH00054B/571

9 781951 595500